I0560390

www.ingramcontent.com/pod-product-compliance
Lightning Source LLC
Chambersburg PA
CBHW080018130626
46556CB00016B/3214
* 9 7 9 8 9 9 0 1 0 7 6 1 8 *

آموزش زبان فارسی ۳

خواندن، نوشتن و درک مطلب متوسطه

Perfect Your Persian 3

Intermediate Reading, Writing, and Comprehension

تهیه و تدوین: مدرسه فارسی شیکاگو
Created by the Chicago Persian School

Chicago Persian School is a registered not-for-profit organization in the state of Illinois, USA, with the mission of providing a comprehensive education in Persian language and culture to any interested individual, regardless of their race, gender, nationality, religion, or ethnic background. Since 2007, Chicago Persian School has endeavored to offer a rich and innovative language curriculum to children and adult learners by cultivating their language comprehension, reading, writing, listening, and speaking skills, from beginner through advanced levels. Armed with years of experience in the field of bilingual education and a passion for preserving the Persian language and Iranian culture, Chicago Persian School has developed original Persian language textbooks and teaching approaches for heritage and non-heritage learners.

Perfect Your Persian 3
Intermediate Reading, Writing, and Comprehension

Created by the Chicago Persian School
Publisher: Chicago Persian School
ISBN: 979-8-9901076-1-8
First Edition, Summer 2025
Contributing Authors: Bahareh Molla Ahmad, Negar Mansourian-Hadavi, Lida Zadeh, Hamideh (Shiva) Nobahari
Other Collaborators: Mohammad Hosseini and Soraya Kendy
Cover Design: Saman Farkhak
Layout Design:Unche Studio (Helia Jalali and Rambod Vala)
Lesson and Cover Illustrations:
Sara Atashhoosh
Artwork for Practices: AI generated, using stability.ai
Font Design: Bahman Eslami

آموزش زبان فارسی ۳
خواندن، نوشتن و درک مطلب
متوسطه

تهیه و تدوین: مدرسه فارسی شیکاگو
ناشر: مدرسه فارسی شیکاگو
شابک: ۸-۱-۹۷۹-۸-۹۹۰۱۰۷۶
چاپ اول، تابستان ۱۴۰۴
گروه نویسندگان: بهاره ملاّ احمد، نگار منصوریان-هادوی، لیدا زاده، حمیده (شیوا) نوبهاری
سایر همکاران: محمد حسینی و ثریا کندی
طرح روی جلد: سامان فرخاک
صفحه آرایی: استودیو آنچه (هلیا جلالی و رامبد والا)
تصویرپردازی دروس و روی جلد: سارا آتش‌هوش
تصویرپردازی تمرین‌ها:
هوش مصنوعی، تولید stability.ai
طراحی قلم: بهمن اسلامی

Comprehensive lesson plan and teaching methodology tutorials for this textbook are available at **www.perfectyourpersian.com/online-products**

www.perfectyourpersian.com | publications@chicagopersianschool.org

فهرست

PREFACE

This textbook represents the culmination of years of collaboration, innovation, and exploration by the dedicated Persian language educators at the Chicago Persian School. Through careful assessment of learning outcomes and numerous iterations of classroom methodologies, our team has crafted and refined this material to offer the most effective approach to learning the Persian language.

Designed specifically for school-age Persian language heritage learners, this textbook provides an intermediate-level guide to Persian reading, writing, and comprehension. It aims to take learners from basic literacy to age-appropriate fluency, equipping them with the skills needed to read and write the Persian text correctly and confidently. Persian language educators and parents can purchase the comprehensive lesson plan for teaching this textbook, through www.perfectyourpersian.com/online-products.

The textbook features 26 meticulously crafted lessons focusing on reading, writing, vocabulary building, comprehension, and sentence structure. Thematic units on topics relevant to everyday life, such as, food, school life, and hobbies, help young learners apply their skills in real-world contexts. With ample practice opportunities, including group activities and individual exercises, the easy-to -navigate lessons are both engaging and effective. The colorful illustrations and carefully designed Persian font, paired with an innovative teaching methodology, promise to captivate students as they develop their language skills.

The creators of this book very consciously endeavored to utilize existing novel research on language acquisition and bilingual education to complement the benefits derived from their years of experience in teaching Persian as a second language to heritage learners.

Although the authors have diligently strived to ensure accuracy and clarity in every aspect of this textbook, suggestions for improvements are most welcome. The ultimate goal is to establish this book as a comprehensive resource for Persian literacy for anyone throughout the world who is interested.

اِسم: ________________

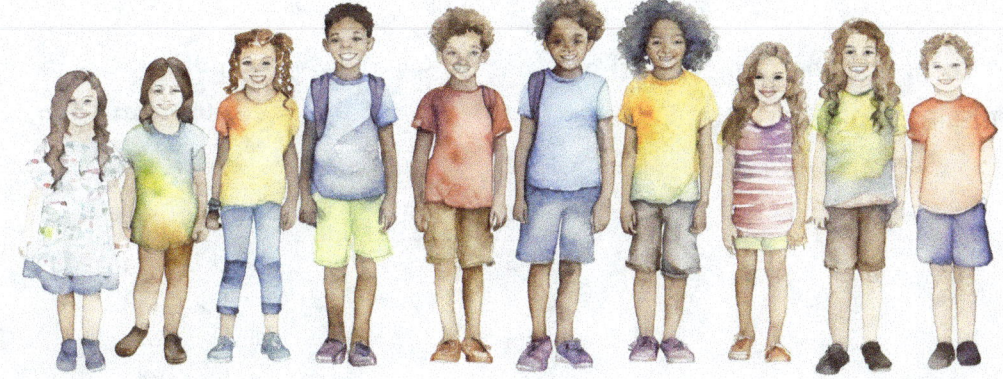

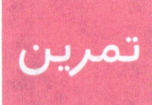

درس ۱ یادآوری

تمرین

۱. خودت را به همکلاسی‌هایت معرفی کن و بگو:

1. Introduce yourself to your classmates and share the following information with your classmates:

بَچّه‌یِ چَندُمِ خانِواده هَستی؟

آیا حِیوانِ خانِگی داری؟

اَگر داری، بِگو که چه حِیوانی اَست وَ اِسمَش چیست؟

تَوَلُّدَت دَر چه فَصلی اَست؟

۲. خانه‌های خالی زیر را به ترتیب با حروف الفبای فارسی پرکن.

2. Complete the table with the missing alphabet letters.

آ	بـ	پـ				چـ	
		ذ			ژ		
			ظ				
	گـ					هـ	

3. Unscramble the letters to write a meaningful word. ۳. با حروف به‌هم ریخته‌ی زیر کلمات معنی‌دار بساز.

ب   د   ر   ا   ر ⬅ _____

ب   س   ی ⬅ _____

د   م   ا   د ⬅ _____

ت   ک   ا   ب ⬅ _____

ه   ر   خ   ا   و ⬅ _____

س   پ   ر ⬅ _____

و   خ   ب   ا ⬅ _____

ز   ر   و ⬅ _____

PERFECT YOUR
Persian

۴. هر رنگ را به اسمش وصل کن و به سوال‌های زیر جواب بده.

4. Connect each color to its name, then answer the questions.

سِفید

قِرمِز

نارِنجی

سیاه

صورَتی

زَرد

بَنَفش

قَهوه‌ای

یک میوه‌یِ زَرد نام بِبَر: ______

یک میوه‌یِ قِرمِز نام بِبَر: ______

یک میوه‌یِ نارِنجی نام بِبَر: ______

۵. با کلمات زیر جمله بنویس.

5. Write a sentence for the each of the following words.

مَدرِسه‌یِ فارسی

صُبح

مِسواک

کفش

پارک

۶. قسمت اوّل و دوّم هر جمله را به هم وصل کن.

6. Connect the first and second part of each sentence.

دوستِ خواهَرَم ○	○ دِرَخت‌ها شُکوفه دارَند.
مَن هَرشَب ○	○ یِک گُربه‌یِ سِفید دارَد.
دَر فَصلِ بَهار ○	○ یِک خَیاطِ بُزُرگ دارَد.
دَفتَر وَ کِتابَم را ○	○ دَندان‌هایَم را مِسواک می‌زَنَم.
خانه‌یِ ما ○	○ دَر کیفِ مَدرِسه گُذاشتَم.

۷. هر کلمه چند صدا دارد؟ صداها را جدا کن و بنویس.

7. Sound out each word and write the sounds separately.

کَلَمه	صِداها
مادَر	
کِلاس	
دوست	
بُزُرگ	
خانِواده	

8. Fill out the missing numbers. ۸. جدول اعداد زیر را کامل کن.

بیست و هَفت	
	۱۵
بیست و سه	
	۵۴
هِجدَه	
	۳۶
چِهِل و پَنج	
	۱۹

مشق

۱. دو کلمه‌ی معنی‌دار برای هر حرف بنویس.

1. Write two meaningful words for each of the letters.

ن	ش	ر	آ

ک	د	ب	خ

۲. در هر دسته، دور کلمه‌ای که با بقیه مربوط نیست خط بکش.

2. In each set, circle the word that is unrelated to others.

کِتاب	دَفتَر	مَدرِسه	مِداد	آشپَزخانه
پُرتِقال	شور	موز	سیب	توت‌فَرَنگی
دَست	پا	دِرَخت	چِشم	گوش
مِسواک	لِباس	شَلوار	کَفش	پیراهَن
ماشین	دوچَرخه	هَواپیما	اُتوبوس	هَوا

۳. جمله‌های زیر را بخوان و کنار جمله‌های درست علامت (✓) بزن.

3. Read the following sentences and add a (✓) next to the correct ones.

○ بَرایِ بازی به پارک می‌رَویم.

○ بَرایِ غَذا خوردَن به باغِ وَحش می‌رَویم.

○ دَر زِمِستان بَرف می‌بارَد.

○ وَسایِلی که رویِ سُفره‌یِ هَفت‌سین می‌گُذاریم با «ت» شُروع می‌شَوَد.

○ ماست سیاه اَست.

○ اَز پاک‌کُن بَرایِ نِوِشتَن اِستِفاده می‌کُنیم.

4. Write a sentence for each combination.

۴. برای هر ترکیب جمله بنویس.

وَرزِش +

خانه +

سَفَر +

ناهار +

۵. جواب هر سوال را بنویس و حرف اوّل هر کدام را در جدول بگذار تا کلمه‌ی رمز پیدا شود.

5. Write the answer to each question, and place the first letter of each word in the table to discover the secret word.

۱. به خواهَرِ مامان می‌گوییم. ____________

۲. به کَسی که رانَندِگی می‌کُنَد می‌گوییم. ____________

۳. با آن می‌شِنَویم. ____________

۴. شِنا، فوتبال، وَ یوگا ____________ هَستَند.

۵. به غَذایی که شَب‌ها می‌خوریم می‌گوییم. ____________

۵	۴	۳	۲	۱

کَلَمه‌یِ رَمز ____________

فارسی

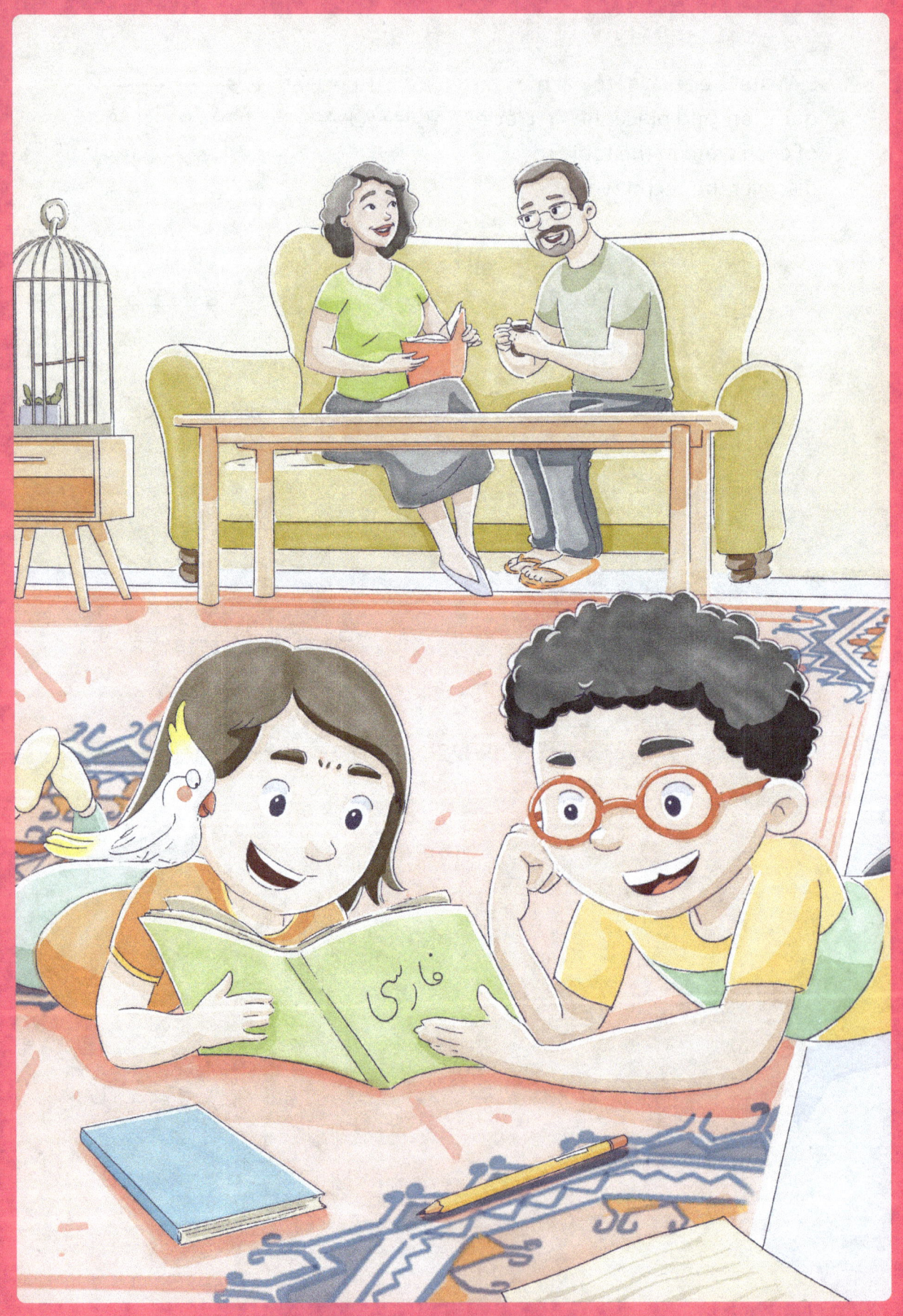

دَرس ۲ دَربارەیِ مَن

اِسمِ مَن دِنا اَست. مَن ۹ سال دارَم.
اِسمِ بَرادَرم سام اَست.
ما با مامان وَ بابا دَر آمریکا زِندِگی می‌کُنیم.
مَن وَ سام هَر دو دَر آمریکا به دُنیا آمَدیم. اَمّا مامان وَ بابایِ ما دَر ایران به دُنیا آمَدَند.
ما دَر خانه فارسی وَ اِنگِلیسی حَرف می‌زَنیم.
پَرَندەیِ مَن، تی‌تی، هَم چَند کَلَمه فارسی بَلَد اَست.
مَن وَ سام روزهایِ یِکشَنبه به کِلاسِ فارسی می‌رَویم.
مَن اِمسال کِتابِ سِوُّمِ فارسی را یادمی‌گیرَم.

آیا می‌دانی؟

دیشَب = شَبِ گُذَشته   پارسال = سالِ گُذَشته
۹سال دارَم = ۹ ساله هَستَم
داداش = بَرادَر   بَلَد اَست = می‌دانَد

هر کلمه را بخوان و معنی آن را بنویس.

حَرف	کَلَمه	زَبانِ مادَری
زِندِگی	سِن	دیروز
سال	اِمسال	پارسال
بَرادَر	خواهَر	حِیوانِ خانِگی

تمرین

۱. از چند هم‌کلاسی درباره‌ی سن، جایی که به دنیا آمدند، و زبان‌هایی که می‌دانند سوال کن و با اسمشان در جدول زیر بنویس.

1. Interview your classmates about their age, where they were born, and the languages they know. Enter the information in the table below.

اِسمِت چیه؟	چَند سالت اَست؟	کُجا به دُنیا آمَدی؟	چه زَبان‌هایی می‌دانی؟

۲. قسمت اوّل و دوّم هر جمله را به هم وصل کن.

2. Connect the first and second part of each sentence.

دیروز مادَرَم بَرایِ مَن ○	○ یادگِرِفت.
اِمسال دِنا کِتابِ سِوُّمِ فارسی ○	○ به ایران رَفتَند.
اِمروز تی‌تی چَند کَلَمه فارسی ○	○ کِیک پُخت.
پارسال مامان وَ بابایِ مَن ○	○ را یاد می‌گیرَد.

۳. کلمات را مرتّب کن و جمله‌ی معنی‌دار بنویس.

3. Rearrange the words to create meaningful sentences.

آمریکا / دَر / ما / می‌کُنیم. / زِندِگی

آمَد. / مامانَم / به دُنیا / دَر / ایران

بَلَد / تی‌تی / کَلَمه‌هایِ / اَست. / فارسی

ما / فارسی / می‌رَویم. / به / کِلاس

4. Fill out the missing numbers.

۴. جدول اعداد زیر را کامل کن.

	سی
۱۶	
	بیست و هَفت
۴۵	
	نوزدَه
۳۸	
	چِهِل و یِک
۱۳	

5. Write sentences using the following words.

۵. با کلمه‌های زیر جمله بساز.

صُحبَت - فارسی

داداش - اِسم

دیروز - ناهار

مامان - زِندِگی

۶. امروز تولّد سارا است. حالا کلمه‌های مناسب را در جاهای خالی بنویس که داستان تولّد سارا کامل شود.

6. Today is Sara's birthday. Now fill the blanks with the correct words to complete Sara's birthday story.

دیشَب اِمسال پارسال اِمروز

- سارا ______ هَشت ساله می‌شَوَد.

- ______ تَوَلُّدَش را دَر پارک جَشن می‌گیرَند.

- سارا به مامانَش گُفت:« ______ خواب دیدَم که کِیکِ تَوَلُّدَم شُکُلاتی اَست!»

- مامان خَندید وَ گُفت: ______ هَم کیکِ تَوَلُّدَت شُکُلاتی بود.

مشق

۱. متن درس را با صدای بلند بخوان و صدای خود را برای معلّمت ضبط کن.

1. Record your voice as you read the lesson and send the audio file to your teacher.

۲. جاهای خالی را در سوال و جواب‌های زیر با کلمه‌های مناسب پر کن.

2. Fill the blanks in the following question-answers pairs, using the correct words.

شُدی	یادمی‌گیری	اَست
حَرف‌می‌زَنید		به‌دُنیا آمَد

- بابایِ تو کُجا ________ ؟ ایران.

- اِسمِ پَرَنده‌یِ تو چی ________ ؟ تی‌تی.

- شُما دَر خانه به چه زَبانی ________ ؟ فارسی.

- تو اِمسال چَند ساله ________ ؟ ۹ ساله.

- دَر کِلاسِ فارسی چی ________ ؟ زَبانِ فارسی.

3. Complete the crossword,
using the synonym of each word.

۳. هم‌معنی هر کلمه را در
جدول بنویس.

۱. بَرادَر

۲. مادَر

۳. روزِ گُذَشته

۴. صُحبَت

۵. سالِ گُذَشته

۶. شَبِ گُذَشته

۷. پِدَر

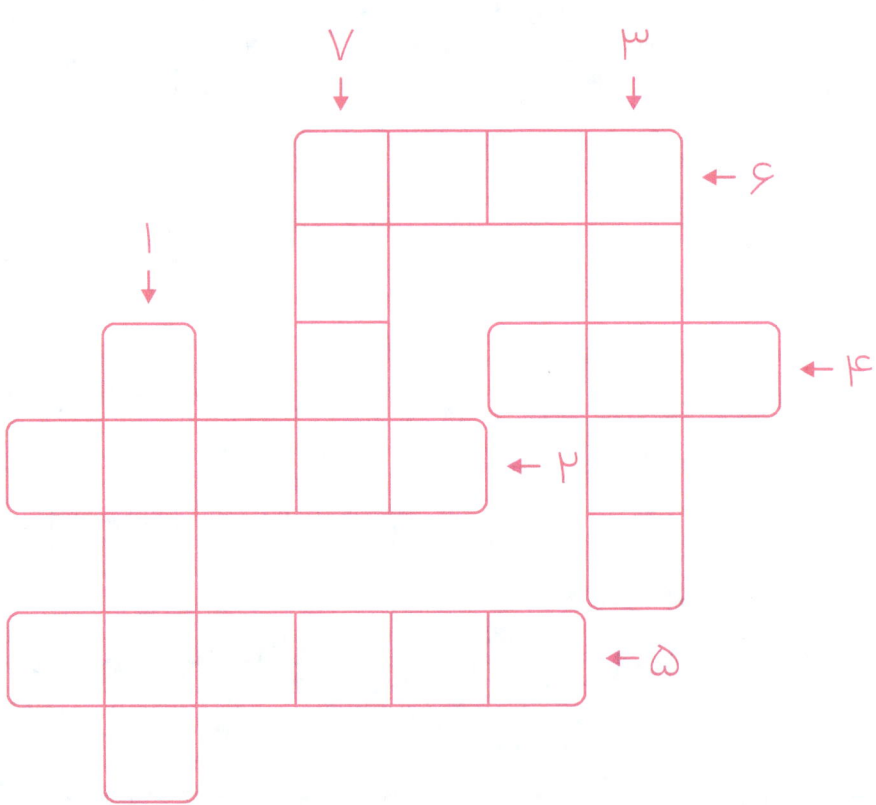

۴. دو کلمه‌ی معنی‌دار برای هر حرف بنویس.

4. Write two meaningful words for each of the letters.

ص	ز	ح	م

ل	گ	س	ت

۵. از بین این کلمات چهار کلمه را انتخاب کن و در مورد خانواده‌ی خودت چهار جمله بنویس.

5. Choose four words and write four sentences about your family.

خانه	بَرادَر	اِمروز	اِمسال
پارسال	تَوَلُّد	دیشَب	حَرف

درس ۳ فامیلِ مَن

بابایِ مَن یِک خواهَر دارَد. اِسمِ او آرِزو اَست.
مَن وَ سام او را عَمّه آرِزو صِدا می‌کُنیم.
او دَر اُستُرالیا زِندِگی می‌کُنَد.
چَند ماه اَست که هَمه مُنتَظِریم بَچّه‌یِ اَوَّلِ عَمّه آرِزو به دُنیا بیایَد.
اِمروز بابا با خوشحالی یِک عَکس اَز عَمّه آرِزو به مَن وَ سام نِشان داد.
من عَکس را نِگاه کَردَم. دوتا بَچّه‌یِ خِیلی کوچَک دَر بَغَلِ عَمّه آرِزو بودَند!
بابا گُفت: عَمّه آرِزو دیروز «مامان» شُد. حالا شُما یِک دُختَرعَمّه به اِسمِ مانا وَ یِک پِسَرعَمّه به اِسمِ دانیال دارید.
آنها دوقُلو هَستَند.
من گُفتَم: اِی کاش مَن وَ سام هَم دوقُلو بودیم!

آیا می‌دانی؟

پِدَربُزُرگ = بابابُزُرگ   مادَربُزُرگ = مامان‌بُزُرگ
دوقُلو = وَقتی که دو بَچّه با هَم به دُنیا می‌آیَند.
خانِواده = فامیل

هرکلمه را بخوان و معنی آن را بنویس.

فامیل	خانِواده	نَوه
دُختَر	پِسَر	خاله
دایی	عَمو	عَمّه
دوقُلو	بَچّه	شَبیه

تمرین

۱. جدول زیر را دربارہ‌ی خانواده‌ی خودت کامل کن.

1. Complete the following table about your relatives.

	دارَم/ نَدارَم	چَندتا	کِشوَر	اِسم
دُختَرخاله				
پِسَرخاله				
دُختَردایی				
پِسَردایی				
دُختَرعَمّه				
پِسَرعَمّه				
دُختَرعَمو				
پِسَرعَمو				

۲. کلمات به هم ریخته زیر را مرتّب کن و جملات بامعنی بساز.

2. Rearrange the words to create meaningful sentences.

عَمّه‌آرِزو / بَچّه‌هایِ / هَستَند. / دوقُلو

خواهَر / وَ / هَستَند. / دانیال / بَرادَر / مانا وَ

بابایِ / دارَد. / خواهَر / یِک / مَن

شَبیه / دوقُلوها / هَستَند. / به‌هم

---

۳. جمله‌های زیر را بخوان و کنار جمله‌های درست علامت (✓) بزن.

3. Read the following sentences and add a (✓) next to the correct ones.

○ مَن نَوه‌یِ مامان‌بُزُرگم هَستَم.

○ عَمّه وَ عَمویِ مَن خواهَر وَ بَرادَر هَستَند.

○ خاله‌یِ مَن، خواهَرِ بابایِ مَن اَست.

○ عَمو، عَمّه، وَ بابایِ مَن بَچّه‌هایِ مامان‌بُزُرگ هَستَند.

○ پِسَردایيِ مَن، نَوه‌يِ بابابُزُرگ اَست.

○ دُختَرعَمويِ مَن، بَچّه‌يِ عَمّه‌يِ مَن اَست.

۴. در هر دسته، دور کلمه‌ای که با بقیه مربوط نیست خط بکش.

4. In each set, circle the word that is unrelated to others.

خانِواده	نَوه	بابابُزُرگ	مِهمان	مامان‌بُزُرگ
عَمّه	کوچَک	دُختَرعَمّه	عَمو	پِسَرعَمّه
دایی	مامان	خاله	زِندِگی	خانِواده‌يِ مادَری

۵. گاهی دَر فارسی اِسم وَ نِسبَتِ فامیلی را با هَم تَرکیب می‌کُنیم وَ می‌گوییم:
خاله لیلی یا **عَمّه آرزو**.
حالا اسم افراد فامیل را بخوان و مانند مثال ترکیب کن.

5. In Persian, we combine the name and family relationship, such as "**Khaleh Lili**". Now, follow the example and write the combinations.

اِسمِ فامیل	او را چی صِدا می‌کُنی؟
اِسمِ خاله: گیتا	خاله گیتا
اِسمِ عَمو: اُمید	
اِسمِ دایی: فَردین	
اِسمِ بابابُزُرگ: نادِر	

6. Review the diagram below and circle those family members that you have.

۶. نمودار زیر را ببین و دور آن فامیل هایی که خودت داری خط بکش.

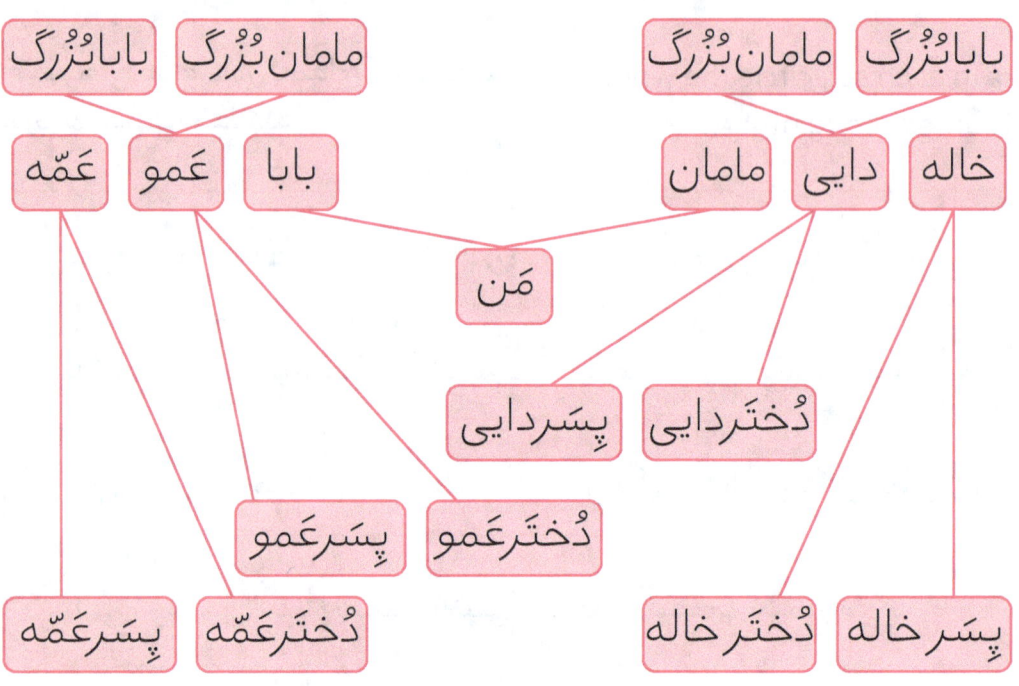

7. Write down the following numbers.

۷. از روی اعداد زیر بنویس.

	پَنجاه	۵۰
	پَنجاه و یِک	۵۱
	پَنجاه و دو	۵۲
	پَنجاه و سه	۵۳
	پَنجاه و چِهار	۵۴
	پَنجاه و پَنج	۵۵
	پَنجاه و شِش	۵۶
	پَنجاه و هَفت	۵۷
	پَنجاه و هَشت	۵۸
	پَنجاه و نُه	۵۹

مشق

۱. متن درس را با صدای بلند بخوان و صدای خود را برای معلّمت ضبط کن.

1. Record your voice as you read the lesson and send the audio file to your teacher.

۲. جدول زیر را کامل کن.

2. Complete the crossword.

۱. بَرادَرِ بابا
۲. خواهَرِ مامان
۳. بَچّه‌یِ خاله (دُختَر)
۴. بَرادرِ مامان
۵. خواهَرِ بابا
۶. بَچّه‌هایِ عَمّه آرزو ... هَستَند.
۷. بَچّه‌یِ عَمّه (پِسَر)

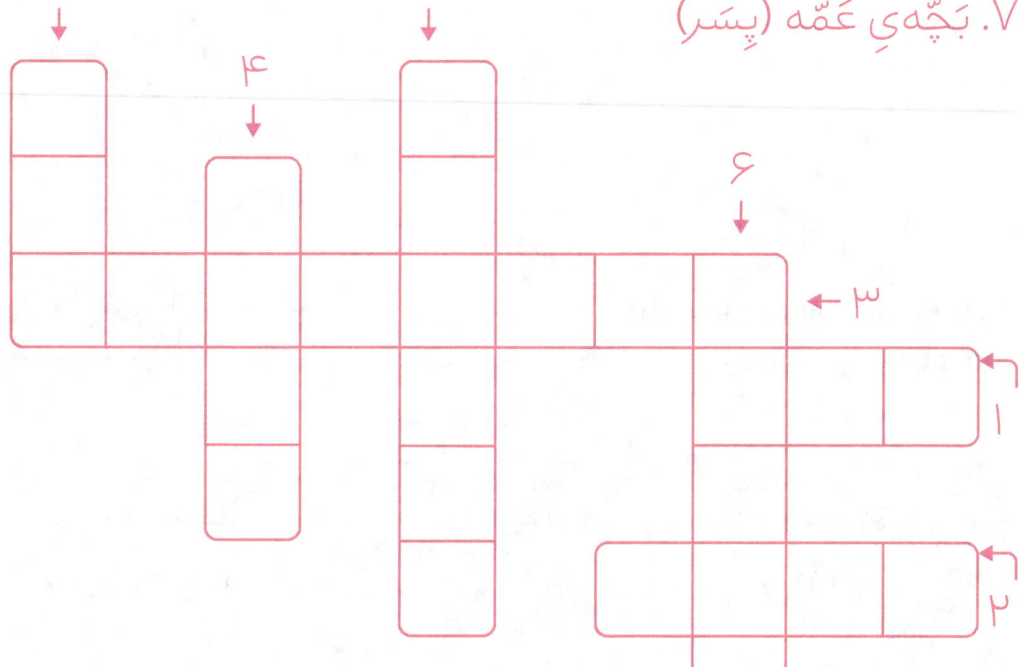

3. Write a sentence for the each of the following words.

۳. با کلمه‌های زیر جمله بساز.

خانِواده

پِسَرخاله

نَوه

دوقُلو

4. Fill in the blanks using the correct word.

۴. جاهای خالی را با کلمه‌ی مناسب پر کن.

لِباس   شَبیه   اِسم
دوقُلو   بُلَند

- دو تا اَز هَم‌کِلاسی‌هایِ مَن ______ هَستَند.

- صورَتِ آنها خِیلی ______ به هَم هَست.

- هَر دو مویِ ______ وَ سیاه دارَند.

- اِمروز دَر مَدرِسه مِثلِ هَم ______ پوشیدَند.

- مَن سه بار ______ آنها را اِشتِباه گُفتَم.

۵. مارال ۲ تا دایی و ۱ خاله دارد.
حالا به سوالات زیر جواب بده.

5. Answer the questions considering that Maral has 2 uncles (mother's brothers) and 1 aunt (mother's sister).

مامان‌بُزُرگ و بابابُزُرگِ مارال چَندتا بَچّه دارَند؟	
پَس ← مامانِ مارال چَندتا بَرادَر دارَد؟	
مامانِ مارال چَندتا خواهَر دارَد؟	

درس ۴ بَچّه‌یِ بااَدَب

خاله لیلی خواهَرِ مامانِ مَن اَست.
مَن بَعضی روزها بَعد اَز مَدرِسه به خانه‌یِ
خاله لیلی می‌رَوَم.
خانه‌یِ خاله لیلی دَر طَبَقه‌یِ بیست و پَنجُمِ یِک ساختِمانِ
خِیلی بُلَند اَست.
نِگَهبانِ ساختِمان، یِک پیرمَردِ خِیلی مِهرَبان است.
او هَمیشه با مَن اَحوال‌پُرسی می‌کُنَد.
اَمّا اِمروز یِک آقایِ نِگَهبانِ جَدید آنجا بود.
مَن سَلام کَردَم، اَمّا او جَوابِ مَن را نَداد.
به خاله لیلی گُفتَم: نِگَهبانِ جَدید اَصلاً بااَدَب نیست!
خاله لیلی خَندید وَ گُفت: او آدَمِ خوبی اَست. شایَد صِدایِ
تو را نَشنید.
دَفعه‌یِ بَعد دوتایی با صِدایِ بُلَند به او سَلام می‌کُنیم.

آیا می‌دانی؟ آقا = مَرد خانُم = زَن مَمنون = تَشَکُّر اَدَب = اِحتِرام

هر کلمه را بخوان و معنی آن را بنویس.

اَحوال‌پُرسی	خُداحافِظی	اَدَب
مَمنون	تَشَکُّر	سِپاس
بِبَخشید	اِجازه	خانُم
آقا	جَوان	پیر

تمرین

۱. دَر فارسی با کَسی که بُزُرگ‌تَر اَست، با اَدَب حَرف می‌زَنیم. به جایِ «**تو**»، به آنها «**شُما**» ، «**خانُم**» ، یا «**آقا**» می‌گوییم. اَگَر اِشتِباه کُنیم، می‌گوییم «**بِبَخشید**».

1. In Persian, we speak politely to someone who is older. Instead of using "**تو**" , we say "**شُما**" , "**خانُم**", or "**آقا**" .
If we make a mistake, we say "**بِبَخشید**".

- تو وَقتی به مِهمانی می‌رَوی چِطوری سَلام وَ اَحوال‌پُرسی می‌کُنی؟
- با چه کَسانی با اَدَب‌تَر حَرف می‌زَنی؟
- از چه کَلَمه‌هایی اِستِفاده می‌کُنی؟

۲. هر تصویر را به کلمه‌های مناسب وصل کن.

2. Connect each picture to the corresponding words.

پیرزَن | پیرمَرد | خانُم | بَچّه | آقا

۳. جمله‌های مناسب سلام و احوال پرسی این پسر با دوستش و یا معلمش را به تصویر درست وصل کن. بعضی از عبارت‌ها برای هر دو موقعیت مناسب هستند.

3. Connect the appropriate greeting sentences that the boy can use with his teacher or friend to the correct picture. Some of the greeting sentences can apply to both situations.

- سَلام، صُبح به‌خِیر.
- حالِ شُما چِطوره؟
- حالِت چِطوره؟
- اِسمِ تو چیه؟
- اِسمِ شُما چیه؟
- خَسته نَباشید.
- خوبَم، مَمنون.
- خِیلی مَمنون.
- مُتِشَکِّرَم.
- روزِ خوبی داشته‌باشی.
- خُداحافِظ.

4. Combine the words with "بی" and "با" to make new words.

۴. کلمات زیر را با "بی" و "با" ترکیب کن و کلمه‌ی جدید بساز.

بی +	با +	
بی‌اَدَب	بااَدَب	اَدَب
		صِدا
		دِقَّت
		اِجازه

۵. بَعضی کَلَمه‌ها دَر فارسی با عَلامَتِ تَنوین (ـً) نوِشته می‌شَوَند.
عَلامَتِ تَنوین دَر آخَرِ کَلَمه می‌آیَد و "اَن" خوانده می‌شَوَد.
مِثال: اَصلاً = اَصلَن، حَتماً = حَتمَن، قَبلاً = قَبلَن، لُطفاً = لُطفَن.
حالا جمله‌های زیر را با استفاده از این کلمه‌ها کامل کن.

5. Some words in Persian are written with the tanvīn (ـً) sign,
representing the "اَن" sound at the end of the word.
Now complete the sentences below using the correct words.

لُطفاً	حَتماً	قَبلاً	اَصلاً

ـ مُعَلِّم گُفت: _____ فَقَط با اِجازه

صُحبَت کُنید.

ـ مامان گُفت: وَقتی که به خانه‌یِ مامان‌بُزُرگ می‌رَویم،
______ با صِدایِ بُلَند سَلام کُن.

ـ دوستم پُرسید: تو ______ ایران رَفتی؟

ـ بابابُزُرگ گُفت: مَن ______ اِنگلیسی بَلَد نیستَم.

۶. با کلمه‌های زیر جمله بساز.

6. Write a sentence with each of the following words.

باادَب

______

اِجازه

______

پیر

______

خانُم

______

7. Fill out the missing numbers.

۷. جدول اعداد را کامل کن.

→ - - - - - →

۶۰		۶۲		۶۴
	۶۶		۶۸	

← - - - - - ←

شَصت و چهار			شَصت و یِک	شَصت
	شَصت و هَشت	شَصت و هَفت		

مشق

1. Record your voice as you read the lesson and send the audio file to your teacher.

۱. متن درس را با صدای بلند بخوان و صدای خود را برای معلّمت ضبط کن.

2. Complete the polite conversation between Sara and her Persian class teacher.

۲. مکالمه‌ی مودبانه‌ی سارا و معلّم کلاس فارسی‌اش را کامل کن.

ـ مُعَلِّم: سَلام سارا جان.

ـ سارا: _____

ـ مُعَلِّم: حالِت خوبه؟

- سارا: ______، حالِ ______ چِطوره؟

- مَعَلِّم: من خوبَم. بیا، این کِتابِ فارسی بَرایِ تو اَست.

- سارا: خِیلی ______.

- مُعَلِّم: لُطفاً اِسمِ خودَت را تویِ کِتاب بِنِویس که گُم نَشَوَد.

- سارا: ______، حَتماً.

۳. نیما و شایان دوست هستند. آنها با هم به فارسی، سلام و احوال‌پرسی می‌کنند. صحبت‌های آنها را بنویس.

3. Nima and Shayan are friends. They exchange greetings in Persian. Write their conversation in the space provided.

4. Write the opposites.

۴. مخالف کلمه‌های زیر را بنویس.

بی‌صِدا	≠	______	باادَب	≠	______
باحوصِله	≠	______	باعَجَله	≠	______
بی‌دِقَّت	≠	______	بااِجازه	≠	______

5. Read each sentence and write the number for the proper greeting or response for that situation.

۵. جمله‌های زیر را بخوان و شماره‌ی مربوط به جواب مناسب هر موقعیت را جلوی آنها بنویس.

۱. شَب به‌خِیر.

۲. روزِ خوبی داشته باشی.

۳. صُبح به‌خِیر!

۴. حالِ شُما چِطوره؟

۵. خِیلی مَمنون!

۶. بِبَخشید!

موقعیت	جواب
صُبح که بیدار می‌شَوی.	
وَقتی کادوی تَوَلُّد می‌گیری.	
وَقتی با مامان‌بُزُرگ اَحوال‌پُرسی می‌کُنی.	
وَقتی اِشتِباه می‌کُنیم.	
شَب، قَبل اَز خواب	
موقِعِ خُداحافِظی	

درس ۵ دَندان‌هایِ نامُرَتَّب

مَن دیروز دَندان‌هایَم را سیم گُذاشتَم.
اِمروز دوستَم یارا دَر مَدرِسه با تَعَّجُب به مَن نِگاه کَرد.
او پُرسید: لَبَت چی شُده؟
مَن دَهانَم را بازکَردَم وَ سیم‌هایِ رویِ دَندان‌هایَم را به یارا نِشان دادَم.
گُفتَم: دُکتُر سیم گُذاشت که دَندان‌هایَم مُرَتَّب بِشَوَند.
یارا گفت: می‌تَوانی غَذا بُخوری؟
سَرَم را تِکان دادَم وَ گُفتَم: تویِ لُپ وَ زَبانَم دَرد می‌کُنَد.
بایَد فَقَط چیزهایِ خِیلی نَرم بُخورَم.
یارا گُفت: پَس بَرایِ صُبحانه، ناهار، وَ شام می‌تَوانی ژِله بُخوری!

آیا می‌دانی؟ گونه = لُپ دَهَن = دَهان دَماغ = بینی سَر = کَلّه

هر کلمه را بخوان و معنی آن را بنویس.

سَر	دَهان	دَندان
زَبان	لَب	لُپ
چانه	پیشانی	بینی
اَبرو	مُژه	مو

تمرین

۱. هر عضو صورت را روی تصویر نشان بده و توضیح بده که برای چه کاری استفاده می شود.

1. Connect each part of the face to its name and explain what it is used for.

گوش

چشم

زَبان

دَندان

بینی (دَماغ)

۲. در هر دسته، دور کلمه‌ای که با بقیه مربوط نیست خط بکش.

2. In each set, circle the word that is unrelated to others.

دَندان	مِسواک	خَمیردَندان	پیشانی
اَبرو	زَبان	دَهان	لَب
مو	دَندان	فِرفِری	شانه
گوش	صِدا	گونه	آهَنگ
چَشم	مُژه	عِینَک	چانه

۳. کلمات به هم ریخته زیر را مرتّب کن و جملات با معنی بساز.

3. Rearrange the words to create meaningful sentences.

چشم / ما / دو / دَر/ صورَتِمان / داریم.

دیگرِ/ اِسمِ / بینی / اَست. / دَماغ

کوتاه / مامانَم / موهایِ/ اَست.

بالایِ / اَبروها / هَستَند. / چشم‌ها

---

۴. دَر فارسی، "دَستَم" می‌تَوانَد به‌جایِ "دَستِ مَن" اِستِفاده شَوَد.
به مثال‌های زیر دقّت کن و جدول زیر را مانند نمونه کامل کن.

4. In Persian, "**دَستَم**" can be used in place of "**دَستِ مَن**".
Review the following examples and fill out the table, accordingly.

سَرِ مَن ⇦ سَر + َ + م ⇦ سَرَم

سَرِ تو ⇦ سَر + َ + ت ⇦ سَرَت

سَرِ او ⇦ سَر + َ + ش ⇦ سَرَش

کِتابِ ما ⇦ کِتاب + ـِ + مان ⇦ کِتابِمان

کِتابِ شُما ⇦ کِتاب + ـِ + تان ⇦ کِتابِتان

کِتابِ آنها ⇦ کِتاب + ـِ + شان ⇦ کِتابِشان

	من	تو	او
دَهان	دَهانَم		
صورَت			

	ما	شما	آنها
دَست			
چشم			

۵. با کلمات زیر جمله بنویس.

5. Write sentences, using the following words.

اَبرو - صورَت

گوش - آهَنگ

چشم - مُژه

مو - بُلَند

۶. ترکیب‌ها را مانند مثال عوض کن و جمله‌ها را دوباره بنویس.

6. Convert the pronouns like the example and rewrite the sentences.

مثال: کِتابِ مَن ⇦ کتابَم

- مِسواکِ مَن گُم شُد.
- لِباسِ تو تَمیز اَست.
- رَنگِ چشمِ او قَهوه‌ای اَست.
- کلاسِ ما بُزُرگ اَست.
- گوشِ شُما خِیلی خوب می‌شِنَوَد.

۷. از روی اعداد زیر به حروف بنویس.

7. Practice writing these numbers in words.

۷۰	هَفتاد
۷۱	
۷۲	
۷۳	
۷۴	
۷۵	
۷۶	
۷۷	
۷۸	
۷۹	

مشق

۱. متن درس را با صدای بلند بخوان و صدای خود را برای معلّمت ضبط کن.

1. Record your voice as you read the lesson and send the audio file to your teacher.

2. Write the name of each body part next to the arrows.

۲. کنار هر علامت اسم هر عضو را بنویس.

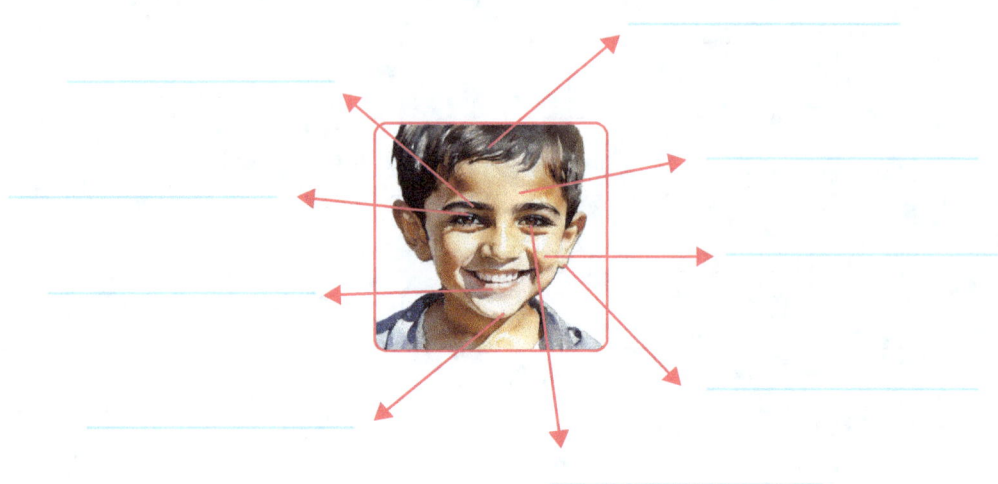

3. Write the answer to each question, and enter the last letter of each word in the table to decode the secret word.

۳. جواب هر سوال را بنویس و حرف آخر هر کلمه را در جدول بگذار تا کلمه‌ی رمز پیدا شود.

۱. به کُمَکِ آن غَذا را می‌جَویم.

۲. به کُمَکِ آن می‌بینیم.

۳. به کُمَکِ آن بوها را حِس می‌کُنیم.

۴. به کُمَکِ آن می‌شِنَویم.

۵. به کُمَکِ آن مَزّهِی غَذاها را می‌چِشیم.

۶. موهایِ کوتاهِ بالایِ چشم

۷	۶	۵	۴	۳	۲	۱
م						

کَلَمه‌یِ رَمز ______

۴. کلمه‌های زیر را دسته بندی کن و در جدول بنویس.

4. Sort the following words and write them under their relevant categories.

بویِ گُل	تَلخ	بویِ عَطر	شیرین
نَقّاشی	صِدایِ آواز	اَشک	تُرش
آهَنگ	رَنگین‌کَمان	زَنگِ تِلِفُن	بویِ غَذا

چشم	گوش	زَبان	بینی

5. Aside from the facial parts you learned in this lesson, write the names of 6 other body parts that you learned, previously.

۵. به جز اعضای سر و صورت، اسم ۶ عضو دیگر بدن را که قبلاً یادگرفتی بنویس.

————————— ————————— —————————

————————— ————————— —————————

Now, using 3 of the words above, write about a strange alien that doesn't look like humans. Also, draw a picture of that creature.

با استفاده از ۳ تا از کلمات بالا، درباره‌ی یک موجود فضایی عجیب بنویس که شبیه آدم‌ها نیست. شکل آن موجود را هم نقّاشی کن.

درس ۶ گوشِ سَنگینِ بابابُزُرگ

اِمروز به مامان‌شیرین وَ باباجَمشید زَنگ زَدیم.
آنها مامان‌بُزُرگ وَ بابابُزُرگِ مَن هَستَند وَ دَر ایران زِندِگی می‌کُنَند.
باباجَمشید گُفت: صَبر کُن! سَمعَک تویِ گوشَم نیست.
اَگَر سَمعَک نَداشته باشَم، صِدایِ تو را نِمی‌شِنَوَم.
مَن اَز بابا پُرسیدَم: سَمعَک چی اَست؟
او گُفت: سَمعَک یِک وَسیله اَست که به باباجَمشید کُمَک می‌کُنَد بِهتَر بِشنَوَد. مِثلِ مَن که عِینَک می‌زَنَم که بِهتَر بِبینَم.
سام گُفت: یِکی اَز دوستانِ مَن هَم دَر مَدرِسه سَمعَک دارَد.
پُرسیدَم: پَس سَمعَک فَقَط بَرایِ بُزُرگ‌تَرها نیست؟
بابا گُفت: نَه، به سِن رَبطی نَدارد. گاهی بَدَنِ ما کُمَک لازِم دارَد که بِهتَر کار کُنَد.
مَن سیم‌هایِ رویِ دَندانَم را به باباجَمشید نِشان دادَم وَ گُفتَم: مِثلِ دَندان‌هایِ مَن که کُمَک لازِم دارَند که مُرَتَّب بِشَوَند.

آیا می‌دانی؟

گوش‌کَرد = شِنید   گُفت= حَرف‌زَد   تَماشاکَرد= نِگاه‌کَرد
گوشِ سَنگین = گوشی که خوب نِمی‌شِنَوَد
زَنگ زَدیم = تِلِفُن زَدیم   به سِن رَبطی نَدارَد = بَرایِ هر سِنی می‌شَوَد.
گاهی = بَعضی وَقت‌ها

هر کلمه را بخوان و معنی آن را بنویس.

صِدا	شِنَوایی	ناشِنَوا
سَنگینیِ گوش	سَمعَک	ضَعیف
بینایی	نابینا	عِینَک
عَصا	صَندَلیِ چَرخ دار	ناتَوان

تمرین

۱. هر تصویر را به کلمه‌ی مناسب وصل کن و بگو که چرا هر کدام از این وسیله‌ها را استفاده می‌کنیم.

1. Connect each picture to the corresponding word, and explain why we use each of these.

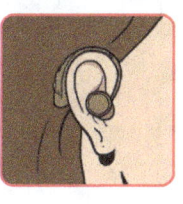

صَندَلیِ چَرخدار　　عَصا　　عِینَک　　سَمعَک

۲. ترتیب درست قسمت‌های مختلف جمله‌ی فارسی را یاد بگیر. و بعد مانند مثال، جدول را کامل کن.

2. Learn the correct structure of a Persian sentence and then complete the table, like the example.

قِسمَتِ اَوَّلِ جُمله: **فاعِل = کَسی که کار را اَنجام می‌دَهَد.**

مِثال: **مَن، شُما، دوستَم ، پَرَنده.**

برایِ پیدا کَردَنِ فاعِلِ جُمله از خودَت بِپُرس:

"چه کَسی کار را اَنجام داد؟"

قِسمَتِ آخَرِ جُمله: **فِعل = کاری که اَنجام می‌شَوَد.**

مِثال: نِوِشت، حَرف زَد، یادگِرِفتَم.

برایِ پیداکَردَنِ فِعلِ جُمله اَز خودَت بِپُرس: **"چه کاری اَنجام شُد؟"**

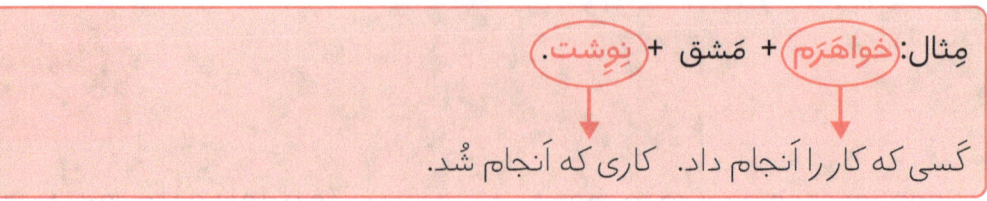

مِثال: خواهَرَم + مَشق + نِوِشت.

گَسی که کار را اَنجام داد. کاری که اَنجام شُد.

	قِسمَتِ اَوَّل (فاعِل)	قِسمَتِ آخَر (فِعل)
مَن غَذا خوردَم.	مَن	خوردَم
گُربه با توپ بازی‌کَرد.		
دوستَم به مَدرِسه رَفت.		
مامان کِتاب خواند.		

۳. هر کلمه از ستون اوّل را با یک فعل از ستون دوّم ترکیب کن و سه جمله مانند مثال بنویس.

3. Combine each word from the first column with a verb from the second column, and write three sentences like the example.

۱	۲
بابابُزُرگ	تَماشا کَردیم.
برادَرَم	رَفت.
من وَ دوستَم	غَذا خوردَند.
دوستانَم	دارَد.

- بابا بُزُرگ سَمعَک دارَد.

-

-

-

۴. دَر فارسی بَعضی اَز فِعل‌ها مَعنیِ نَزدیک به هَم دارَند. مِثلِ «دید» وَ «نِگاه کَرد». فعل‌هایی که معنی نزدیک به هم دارند را وصل کن.

4. In Persian, some verbs have similar meanings.
Connect the verbs that have similar meanings.

شِنید ○	○ تَماشا کَرد
ساخت ○	○ حَرف زَد
نِگاه کَرد ○	○ گوش داد
گُفت ○	○ دُرُست کَرد

۵. جمله‌ها را با کلمه‌های مناسب کامل کن.

5. Write the correct words in blanks to create meaningful sentences.

سَمعَک دَستکِش صَندَلیِ چَرخدار عَصا عِینَک

- پِسَرِ هَمسایه‌یِ ما نِمی‌تَوانَد راه بِرَوَد. او با ________ به مَدرِسه می‌رَوَد.

- مامان کِیک پُخت. او ظَرفِ داغ را با ________ از اُجاق بیرون آوَرد.

- بَعضی اَز مَردُم بَرایِ شِنیدَن اَز ________ اِستِفاده میِ‌کُنَند.

- پِدَربُزُرگَم پیر اَست وَ با کُمَکِ ________ راه می‌رَوَد.

- چَشمِ سام ضَعیف اَست . او با ________ بِهتَر می‌بینَد.

۶. اَگَر به اَوَّلِ یِک کَلَمه دَر فارسی "نا" اِضافه کُنیم، مَعنیِ آن بَرعَکس می‌شَوَد.
حالا به هر کلمه "نا" اضافه کن و کلمه‌ی جدید را بنویس.

6. If we add "نا" to the beginning of some words in Persian, it changes the meaning to the opposite.

Now, add "نا" to each of the following words.

	+ نا
مُرَتَّب	نامُرَتَّب
بینا	
شِنَوا	
راحَت	

۷. با هر کدام از کلمه‌های جدیدی که در تمرین قبل ساختی یک جمله بساز.

7. Make a sentence with each of the new words you created in the previous exercise.

مشق

۱. متن درس را با صدای بلند بخوان و صدای خود را برای معلّمت ضبط کن.

1. Record your voice as you read the lesson and send the audio file to your teacher.

۲. فعل و فاعل جمله را پیدا کن و زیرآن خط بکش.

2. Underline the verb and the subject of the sentence.

- بَچّه‌ها دَر حَیاط بازی می‌کُنَند.

- مامان ناهار پُخت.

- پَرَنده اَز پَنجِره پَرید.

- خواهَرَم کِتاب می‌خوانَد.

- مُعَلِّم سوال پُرسید.

۳. کلمات به هم ریخته زیر را مرتّب کن و جملات بامعنی بساز. دور فعل هر جمله خط بکش.

3. Rearrange the words to create meaningful sentences, and circle the verb in each sentence.

بَرایِ / پیر / فَقَط / سَمعَک / آدَم‌هایِ / نیست.

دوستَم / می‌زَنَد / بِهتَر / عِینَک / که / بِبینَد.

عَصا / مامان‌بُزُرگ / کُمَک / با / می‌رَوَد. / راه

4. Complete the crossword.

۴. جدول زیر را کامل کن.

۱. مُخالِفِ بینا
۲. مُخالِفِ شِنوا
۳. مُخالِفِ نامُرَتَّب
۴. مُخالِفِ ناراحَت
۵. مُخالِفِ نادُرُست

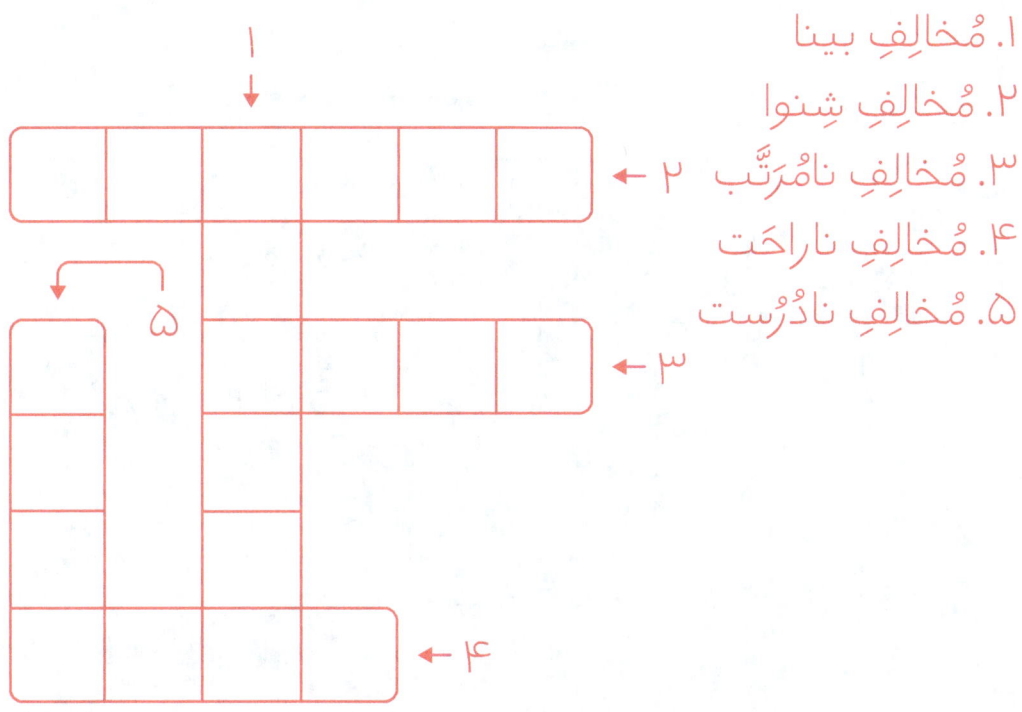

5. Fill out the missing numbers.

۵. جدول اعداد زیر را کامل کن.

سی و پَنج	
پَنجاه و شِش	
	۴۳
هَفتاد و یِک	
	۲۷
شَصت و چِهار	
	۳۳
دَوازدَه	

PERFECT YOUR
Persian

درس ۷ زانویِ دَردناک

مامان‌پوری، مامانِ بابایِ مَن اَست. او چَند روزِ پیش اَز کانادا به خانه‌یِ ما آمَد.

دیروز وَقتی اَز مَدرسه بَرگَشتَم، با خوشحالی به او گُفتَم: مامان‌پوری، بیا با هَم به پارک بِرَویم.

اَمّا مامان‌پوری گُفت: نَه عَزیزَم، خِیلی خَسته هَستم.

مَن ناراحَت شُدم وَ به بابا گُفتَم: چِرا مامان پوری بی‌حوصِله اَست؟

بابا گُفت: زانویِ مامان‌پوری خِیلی دَرد می‌کُنَد. اَمّا دُکتُر گُفته که با وَرزِش وَ شِنا خوب می‌شَوَد.

مَن مامان‌پوری را بَغَل کَردَم وَ گُفتَم: نِگَران نَباش. خودَم به شُما شِنا یاد می‌دَهَم.

آیا می‌دانی؟

خوشحال = شاد　خَنده = لَبخَند　چی اَست = چیست
بَرایِ چی = چِرا　کِی = چه موقِع = چه وَقتی　کی = چه کَسی
چی = چه چیزی

PERFECT YOUR Persian

هر کلمه را بخوان و معنی آن را بنویس.

خَسته	بی‌حوصِله	نِگَران
خِجالَت	عَجَله	تَعَجُّب
هَیَجان‌زَده	شاد	لَبخَند
عَصَبانی	اَخم	گِریه

تمرین

۱. جمله‌های زیر را بخوان و در هر جمله درباره‌ی احساسی که داری با همکلاسی‌هایت صحبت کن.

1. Talk to your classmates about feelings you may experience in each of the following scenarios.

- اَگر کیفَت را گُم کُنی.
- اَگر دَر مُسابِقه بَرَنده شَوی.
- اَگر مِهمانی بِرَوی که هیچ‌کَس را نِمی‌شِناسی.

۲. هر کلمه را به تصویر مناسب وصل کن.

2. Connect each picture to the corresponding word.

بی‌حوصِله هَیَجان لَبخَند اَخم نِگَران تَعَجُّب

۳. کلمات زیر را در جای مناسب بنویس و داستان زیر را کامل کن.

3. Complete the story by filling the blanks, using the correct words.

اَخم	لَبخَند	ناراحَت	خَسته	نِگران

دیشَب خِیلی __________ بودَم. اِمروز صُبح دیر اَز خواب بیدار شُدَم.

سَرِ میزِ صُبحانه مامان پُرسید: چرا __________ کَردی؟ گُفتَم: __________ هَستم. چون به مَدرِسه دیر می رِسَم.

مامان گُفت: __________ نَباش! با ماشین تو را می بَرَم.

وَقتی به مَدرسه رِسیدَم، دوستَم با __________ گُفت: خوب شُد که آمَدی.

4. Write a sentence for the each of the following words.

۴. با کلمات زیر جمله بنویس.

نِگران

تَعَجُّب

اَخم

باعَجَله

5. Combine to create new words. Then use the new words to complete the sentences.

۵. ترکیب کن و کلمه‌ی جدید بساز. بعد با کلمه‌های جدید، جمله‌ها را کامل کن.

خَنده + دار = ______

تَرس + ناک = ______

دَرد + ناک = ______

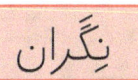

- در بازی توپ به سَرَم خورد. کَمی گِریه کَردَم چون خِیلی ______ بود.

- من خِیلی خَندیدَم، چون این کارتون خِیلی ______ بود.

- من این فیلم را دوست نَدارَم، چون ______ اَست.

۶. گاهی دَر فارسی بَرایِ سوال پُرسیدَن اَز کَلَمه‌هایِ سوالی اِستِفاده می‌کُنیم.
حالا مثال‌های زیر را بخوان سپس با کلمه‌های داخل پرانتز جمله‌های سوالی درست کن.

کِی = when	کی = who	چِرا = why	چی = what
کُجا = where	کُدام = which	چِطور = how	

مثال: خواهَرَم زود خوابید چون خَسته بود. (چِرا، کِی)

- چِرا خواهَرَت زود خوابید؟
- کِی خواهَرَت خوابید؟

6. To ask questions in Persian, we sometimes use question words. Follow the example and create question sentences using the suggested words in parentheses.

مَن هَر سال تابِستان به ایران می‌رَوَم. (کِی، کُجا)

-

-

دوستَم کِتابَش را دَر مَدرِسه گُم کَرد. (کی، چی، کُجا)

-

-

-

دوستَم با دوچَرخه به مَدرِسه می‌رَوَد. (چِطور، کی، کُجا)

-

-

-

اِمروز مَن وَ بَرادَرَم یِک فیلمِ خَنده‌دار تَماشا کَردیم.
(چی، کِی)

-

-

7. Practice writing these numbers in words.

۷. از روی اعداد زیر به حروف بنویس.

هَشتاد	۸۰	
	۸۱	
	۸۲	
	۸۳	
	۸۴	
	۸۵	
	۸۶	
	۸۷	
	۸۸	
	۸۹	

مشق

1. Record your voice as you read the lesson and send the audio file to your teacher.

۱. متن درس را با صدای بلند بخوان و صدای خود را برای معلّمت ضبط کن.

۲. با کلمه‌های داخل پرانتز، جمله‌های سوالی درست کن.

2. Create question sentences using the words in parentheses.

ما دیروز دَر پارک فوتبال بازی کردیم. (کِی، کُجا، چی)

-

-

-

عَلی وَ بَرادَرَش هَر روز با اُتوبوس به مَدرِسه می‌رَوَند.
(چِطور، کی، کُجا)

-

-

-

اِمروز دوستَم اَز فُروشگاه شُکُلات خَرید.
(چی، از کُجا، کِی)

-

-

-

3. Identify and write the subject of each sentence.

۳. فاعل جمله های زیر را پیدا کن و در جدول بنویس.

جُمله	فاعِل
ما کارتونِ خَنده‌دار نِگاه کَردیم.	
مُعَلِّمِ ما با هَمه مِهرَبان اَست.	
دوستَم باعَجَله به مَدرِسه آمَد.	
خواهَرَم اِمروز بی‌حوصِله بود.	
مَن فیلمِ تَرسناک دوست نَدارَم.	

4. Write a short story, using four of the suggested words.

۴. از چهارتا از کلمه‌های زیر استفاده کن و یک داستان کوتاه بنویس.

اَخم	خَنده	خوشحال	عَصبانی	تَرسید
نِگران	خِجالَت کِشید		گِریه کَرد	ناراحَت

5. Combine to create new words.

۵. کلمه‌های زیر را ترکیب کن و کلمه‌ی جدید بنویس.

بی + حوصِله ⇦ _____

بی + دِقَّت ⇦ _____

بی + صِدا ⇦ _____

- - - - - - - - - - - - - - - - - - -

با + عَجَله ⇦ _____

با + دِقَّت ⇦ _____

با + حوصِله ⇦ _____

- - - - - - - - - - - - - - - - - - -

نا + مِهرَبان ⇦ _____

نا + راحَت ⇦ _____

نا + آشِنا ⇦ _____

درس ۸ ساندِویچِ مَن

مَن اِمروز صُبح دیر اَز خواب بیدار شُدَم.
مامان گُفت: زود لِباس بِپوش وَ بیا صُبحانه بُخور.
مَن باعَجَله آماده شُدَم. اَمّا بَرایِ صُبحانه وَقتِ کافی نَداشتَم.
فَقط یِک لیوان شیر خوردَم.
مامان با نان وَ پَنیر بَرایِ مَن یِک ساندِویچ دُرُست کَرد وَ گُفت: این را با خودَت بِبَر وَ دَر مَدرِسه بُخور.
وَقتی به مَدرِسه رِسیدَم گُرُسنه شُدَم. تویِ کیفَم را نِگاه کَردَم اَمّا ساندِویچ را پِیدا نَکَردَم.
به یارا گُفتَم: فِکر کُنَم که ساندِویچَم را دَر خانه جا گُذاشتَم.
یارا گُفت: ناراحَت نَباش. مَن ساندِویچِ خودَم را با تو نِصف می‌کُنَم.

آیا می‌دانی؟

پُخت = غَذا دُرُست کَرد یادَم رَفت = فَراموش کَردَم
گُرُسنه = وَقتی که غَذا لازِم داریم. گُشنه = گُرُسنه
تِشنه = وَقتی که آب لازِم داریم.

هر کلمه را بخوان و معنی آن را بنویس.

گُرُسنه	تِشنه	سیر
صُبحانه	ناهار	شام
خوراکی	ساندِویچ	آبمیوه
تُخمِ‌مُرغ	مُرَبّا	کَره

تمرین

۱. چه ساعتی صبحانه، ناهار، و شام می‌خوری؟ درباره‌ی غذاهای مورد علاقه‌ی خودت برای هر وعده با همکلاسی‌هایت صحبت کن.

1. What time do you eat breakfast, lunch, or dinner? Talk with your classmates about your favorite foods for each meal.

وَعده	ساعَت	خورَدنی‌هایِ موردِ عَلاقه‌اَت
صُبحانه		
ناهار		
شام		

۲. با استفاده از اسم تصویرها، جمله‌ها را کامل کن.

2. Complete the sentences using the names of the pictures.

- صُبح یِک لیوان ______________ خوردَم.

- ______________ را اَز شیر دُرُست می‌کُنَند.

- بابا به مَن یاد داد که چطوری با __________

اُملِتِ خوشمَزه دُرُست کُنَم.

- مامان پُرسید: ساندِویچِ نان وَ کَره با __________

دوست داری یا با __________ ؟

- مامان با __________ وَ __________ بَرایِ

مَن ساندِویچ دُرُست کَرد.

۳. دَر فارسی بَرایِ «مَنفی کَردَنِ» فِعل به اَوَّلِ آن "نَـ" اِضافه می‌کُنیم.
مِثال: نَـ + خوردَم = نَخوردَم.

حالا از کلمه‌های زیر استفاده کن و ۴ جمله بنویس که فعل منفی داشته باشند.

3. To make a negative verb in Persian, we add "نـ" at the beginning of the verb.
Now follow the example to write 4 sentences using the words below, with negative verbs.

سیر	تِشنه	ساندِویچ	غَذا	گُرُسنه

مثال: من گُرُسنه بودَم چون ناهار نَخوردَم.

- __________

-

-

-

4. Sort the words under their correct categories.

۴. کلمه‌های زیر را در گروه مناسب دسته‌بندی کن.

شیر	ماهی	بَستَنی	ساندِویچ
آب	کِیک	کَباب	لَواشَک
بِرِنج	چای	آبمیوه	ژِله

نوشیدَنی	غَذا	دِسِر یا اِسنَک

5. Write the name of each picture and use 3 of the words to make sentences.

۵. زیر هر تصویر اسمش را بنویس و با ۳ تا از کلمه‌ها جمله بساز.

-

-

-

5. Turn the following sentences into questions using the words in parentheses.

۶. جملات زیر را با استفاده از کلمات داخل پرانتز سوالی کن.

- خاله لیلی قُرمه‌سَبزی دوست دارَد. (کُدام)

- او ساعَتِ هَفتِ صُبح صُبحانه می‌خورَد. (کِی)

- بَرادَرَم هَر روز بَرایِ صُبحانه تُخمِ‌مُرغ دُرُست می‌کُنَد. (چی)

- با دوستَم دَر رِستوران غَذا خوردَم. (کُجا)

- مامانَم با تُخمِ مُرغ وَ آرد وَ شیر کِیک پُخت. (چِطور)

7. Fill out the missing numbers.

۷. جدول اعداد زیر را کامل کن.

نَوَد	
	۹۱
نَوَد و دو	
نَوَد و سه	
	۹۴
نَوَد و پَنج	
	۹۷
نَوَد و هَشت	

مشق

1. Record your voice as you read the lesson and send the audio file to your teacher.

۱. متن درس را با صدای بلند بخوان و صدای خود را برای معلّمت ضبط کن.

۲. هر وعده را به وقت مناسبش وصل کن. حالا جمله‌ها را با استفاده از کلمه‌های مناسب کامل کن.

2. Connect each meal to its appropriate time, then complete the sentences.

ظُهر　　　　شَب　　　　صُبح

○　　　　○　　　　○

○　　　　○　　　　○

صُبحانه　　　　ناهار　　　　شام

اِمروز صُبح بَرایِ ______ یِک لیوان ______ خوردَم.

او هَر روز ظُهر دَر ______ با دوستانَش ______ می‌خورَد.

دیشَب بَرایِ ______ به ______ رَفتیم.

3. Imagine you are going to a camping trip with your friends and each day, one of you is responsible for the food plans.
Write your foods plans for the group's breakfast, lunch and dinner.

۳. فکر کن که تو و دوستانت قرار است به یک سفر کمپینگ بروید. هر روز یک نفر مسئول برنامه‌ی غذا است. در جدول زیر بنویس که تو چه برنامه‌ای برای صبحانه، ناهار، و شام گروه پیشنهاد می‌کنی.

صُبحانه	
ناهار	
شام	

4. Write a sentence for each word, using the negative form of the verb.

۴. با هر کلمه یک جمله بساز که فعل آن منفی باشد.

خوراکی

ناهار

خَسته

آبمیوه

۵. هر سوال را به جواب مناسبش وصل کن.

5. Connect each question to its proper answer.

کِی شام خوردی؟ ◯	◯ رویِ میزِ آشپَزخانه
چِرا زود خوابیدی ؟ ◯	◯ خورِشتِ قورمه‌سَبزی
با صُبحانه چی خوردی؟ ◯	◯ ساعَتِ ۸ شَب
کُدام غَذایِ ایرانی را بیشتَر دوست داری؟ ◯	◯ چون خَسته بودَم.
ساندِویچَت را کُجا جاگُذاشتی؟ ◯	◯ یِک لیوان شیر

درس ۹ پَرَندهٔ بی‌اِشتِها

ماماِن هَمیشه به ما می‌گویَد: سَبزیجات بَرایِ سَلامَتی خوب اَست.

تی‌تی هَم سَبزیجات خِیلی دوست دارَد.

مَن هَر روز بَرایِ تی‌تی تِکّه‌هایِ کوچَکِ کاهو، خیار وَ کَلَم می‌گُذارَم.

اَمّا او از دیروز غَذا نَخورده.

اَز مامان پُرسیدَم: چِرا تی‌تی غَذا نمی‌خورَد؟

مامان گُفت: شایَد مَریض اَست.

بِهتَر اَست از بابایِ یارا سوال کُنیم. او دامپِزِشک اَست.

مَن با تَعَجُّب گُفتَم: تی‌تی که هَمیشه سَبزیجاتِ تازه می‌خورَد. پَس چِرا مَریض شُد؟

آیا می‌دانی؟

سَبزیجات = سَبزی‌ها   دام‌پِزِشک = دُکتُرِ حِیوان‌ها

بی اِشتِها = کَسی که غَذا نَخورده اَمّا اِحساسِ گُرُسنِگی نِمی‌کُنَد.

هر کلمه را بخوان و معنی آن را بنویس.

سَبزیجات	هَویج	کاهو
خیار	گوجه‌فَرَنگی	قارچ
بادِمجان	کَدو	لوبیاسَبز
سیب‌زَمینی	ذُرَّت	پیاز

تمرین

۱. هر کلمه را به تصویر مناسب وصل کن به دوستانت بگو اگر خودت یک باغچه داشتی، کدام سبزیجات را می‌کاشتی؟

1. Connect each image to the related word and tell your friends which vegetables would you plant, if you had a garden of your own?

لوبیاسَبز

پیاز

بادِمجان

قارچ

ذُرَّت

کدو

کاهو

هَویج

۲. کلمه‌های زیر را در گروه مناسب دسته بندی کن.

2. Sort the words under their correct categories.

قارچ   اَنگور   پیاز   اَنار   کاهو   کَدو
گُلابی   کَلَم   آلبالو   طالِبی   هَویج   هُلو

سَبزیجات	میوه

۳. کلمات به هم‌ریخته‌ی زیر را مرتّب کن و جملات بامعنی بساز.

3. Rearrange the words to create meaningful sentences.

سَبزیجات / سَلامتی / بَرایِ / اَست. / خوب

با / کاهو / دُرُست کرد. / سالاد / خواهَرَم

ویتامینِ «ثِ» / دارَد. / تازه / گوجه‌فَرَنگی

توت‌فَرَنگی / مامان / با / مُرَبّا / دُرُست کرد.

۴. گاهی بَرایِ بِهتَر فَهماندَنِ مَنظور دَر جُمله‌هایِ فارسی، از کَلَمه‌هایی مِثلِ وَلی، اَمّا، اَگَر (که به تَنهایی مَعنی نَدارَند) اِستِفاده می‌کُنیم. به مثال‌های زیر دقّت کن و جمله‌های زیر را با استفاده از «اگر، امّا یا ولی» کامل کن.

- اَگَر سَبزیجات بُخوریم، کَمتَر مَریض می‌شَویم.
- تو را صِدا کَردَم، وَلی نَشنیدی.
- می‌خواستَم سالاد دُرُست کُنَم، اَمّا کاهو نَداشتیم.

4. In Persian, we sometimes use words such as "**وَلی**" (but), "**اَمّا**" (however), and "**اَگَر**" (if), that don't mean anything on their own, but they help convey what we mean, in the sentence. Review the examples and then complete the following sentences using **اَمّا** , **اَگَر** , or **وَلی**.

- موز هَسته نَدارَد، ______ آلبالو هَسته دارَد.

- مَن صُبحانه خوردَم، ______ هَنوز گُرُسنه هَستَم.

- ______ چشم‌هایَت خوب نِمی‌بینَد، عِینَک بِزَن.

- مَن این غَذا را دوست دارَم، ______ نِمی‌خورَم چون اِشتِها نَدارَم.

- مامان بُزُرگ به مَن یِک لِباسِ قَشَنگ هَدیه داد، ______ بَرایِ مَن کوچَک بود.

- دُکتُر گُفت: ______ هَر شَب دَندان‌هایَت را مِسواک نَکُنی، خَراب می‌شَوَند.

5. If you had these ingredients in the kitchen, what dessert would you make for yourself and your friend? Write down all the necessary steps. (You don't have to use all the ingredients.)

۵. اگر در آشپزخانه این مواد اوّلیه را داشته باشی، چه دسری برای خودت و دوستت درست می‌کنی؟ تمام مرحله‌های لازم را بنویس. (مجبور نیستی که همه‌ی این مواد را استفاده کنی)

6. Fill in the blanks using the correct words.

۶. جاهای خالی را با کلمه‌ی مناسب پر کن.

باغ	هُلو	تابِستان
دِرَخت	سیب	مُرَبّا
	هَسته‌ها	

ـ دوستِ بابایِ مَن یِک _____ بُزُرگِ میوه دارَد.

- آنجا دِرَخت‌هایِ ____________ ، آلبالو، وَ ____________ هَست.

- اِمسال ____________ به باغِ او رَفتیم.

- ما پَنج سَبَد آلبالویِ تازه اَز ____________ گَندیم.

- اَوَّل آلبالوها را شُستیم وَ بَعد ____________ را جُدا کَردیم.

- مامان با آلبالو وَ شِکَر، ____________ پُخت.

۷. دورعدد درست خط بکش.

7. Circle the correct number.

نَوَد و دو	۹۳	۱۹	۲۹	۹۲	۴۹
پَنجاه و هَشت	۵۷	۵۸	۸۵	۱۵	۵۵
چِهِل و نُه	۴۹	۹۴	۱۴	۴۴	۹۹
سی و هَفت	۳۷	۷۳	۳۸	۳۳	۱۷
هَشتاد و سه	۱۸	۳۸	۸۰	۳۳	۸۳

مشق

۱. متن درس را با صدای بلند بخوان و صدای خود را برای معلّمت ضبط کن.

1. Record your voice as you read the lesson and send the audio file to your teacher.

۲. در هر دسته، دور کلمه‌ای که با بقیه مربوط نیست خط بکش.

2. In each set, circle the word that is unrelated to others.

- گوجه‌فَرَنگی خیار کاهو سَبزی آش
- اَنار سیب‌زَمینی هِندِوانه گُلابی موز
- ذُرَّت پیاز گَدو آناناس هَویج
- پیتزا ماکارونی بِرِنج ساندِویچ میز

۳. با کلمه‌های زیر جمله بساز.

3. Write a sentence using each of the following words.

سَبزیجات

هَسته

تازه

اِشتِها

۴. کلمه‌های زیر را خوش خط و خوانا بنویس.

4. Write the following words neatly and clearly.

گُرُسنه -

سَبزی -

عَسَل -

قارچ -

5. Complete the crossword.

۵. جدول زیر را کامل کن.

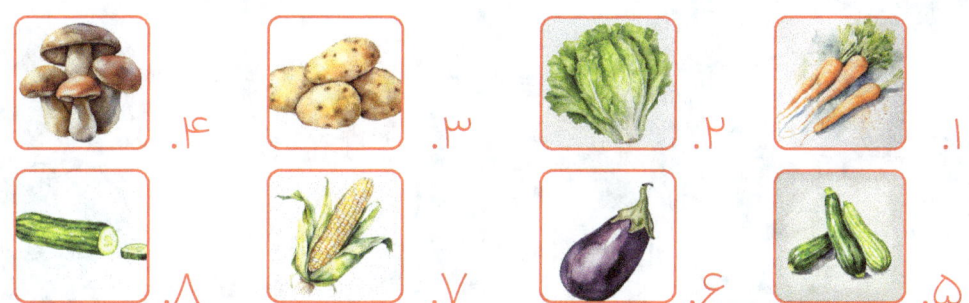

۱.

۲.

۳.

۴.

۵.

۶.

۷.

۸.

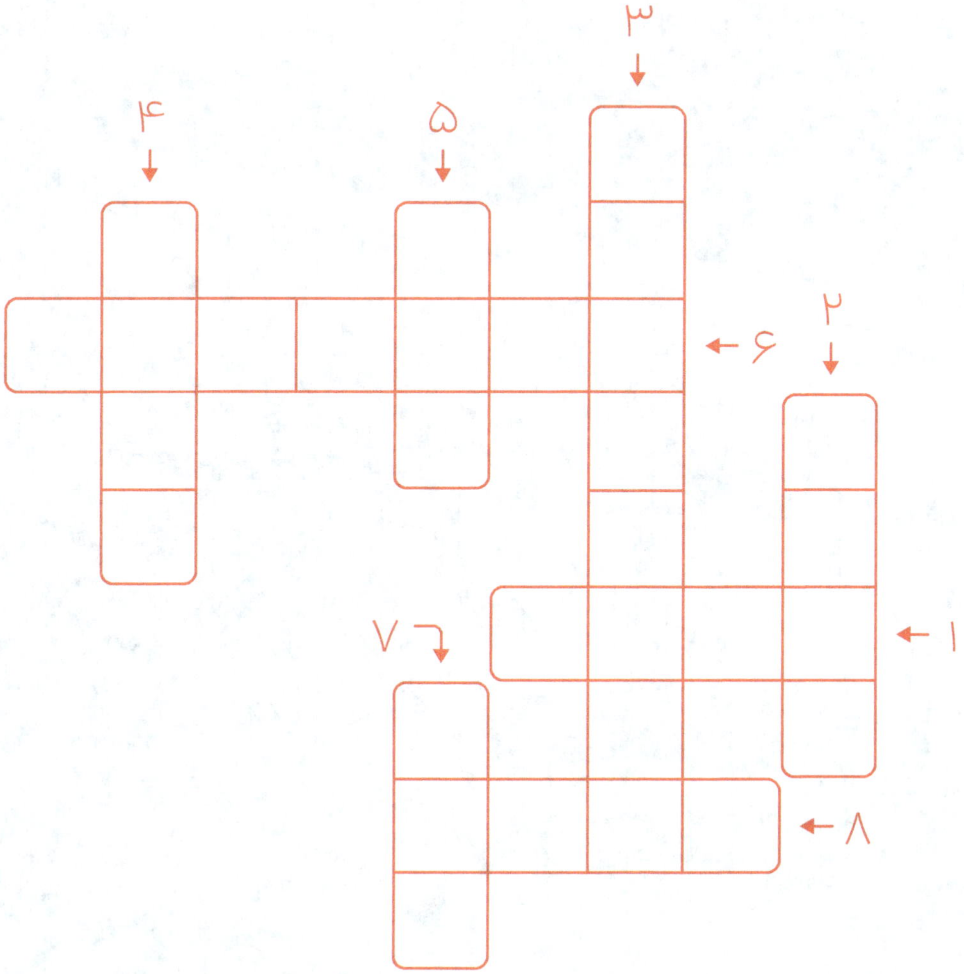

9

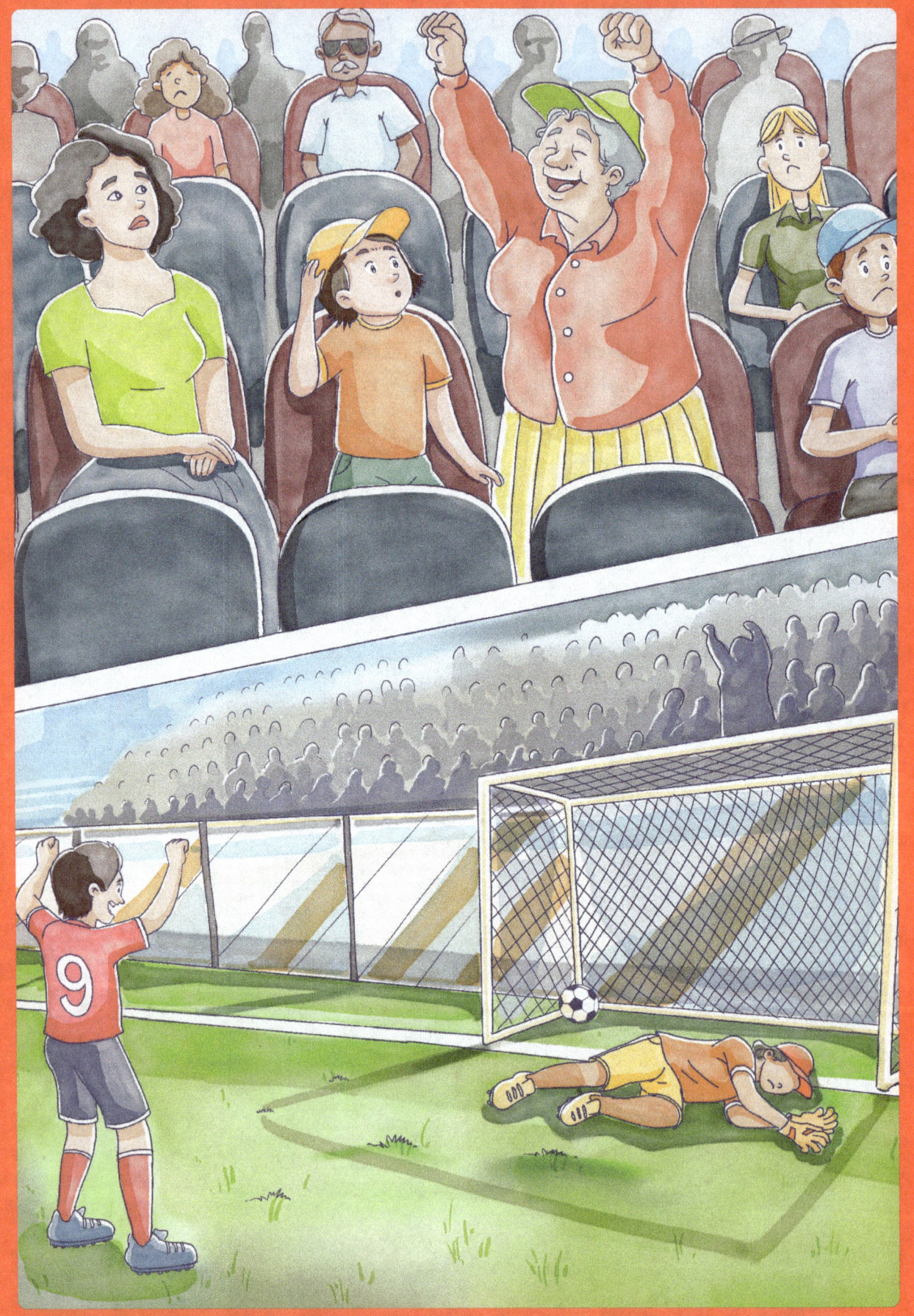

درس ۱۰ لِباسِ تیمِ فوتبال

آخَرِ هَفته، سام مُسابِقه‌یِ فوتبال داشت. او از چَندروزِ قَبل پیراهَن، جوراب، وَ شلوارَکِ تیمَش را آماده کَرد.

مامان‌پوری از او پُرسید: لِباسِ تیمِ شُما چه رَنگی اَست؟

سام گُفت: لِباسِ تیمِ ما نارِنجی وَ زَرد اَست وَلی با تیمِ سُرمه‌ای و قِرمِز مُسابِقه می‌دَهیم.

ما با مامان‌پوری به تَماشایِ مُسابِقه رَفتیم.

مُسابِقه شُروع شُد. بَعد اَز چَند دَقیقه، یِکی اَز بَچّه‌ها گُل زَد.

مامان‌پوری با خوشحالی دَست زَد وَ گُفت: آفَرین! آفَرین!

گُفتَم: نه مامان‌پوری، اَلان تیمِ سُرمه‌ای به تیمِ نارِنجی گُل زَد.

مامان‌پوری خَندید وَ گُفت: اِی وای! اِشتِباه کَردَم.

بایَد حَواسَم به رَنگِ لِباسِشان باشَد.

اَلان = هَمین حالا   گُل زَد = توپ را تویِ دَروازه زَد.
گَفشِ وَرزِشی = گَفشی که بَرایِ دَویدَن، راه رَفتَن و وَرزِش کَردَن می‌پوشیم.
حَواسَم باشَد = دِقَّت کُنَم

هر کلمه را بخوان و معنی آن را بنویس.

لِباس	اَندازه	تَنگ
گُشاد	کوتاه	بُلَند
مُرَتَّب	راحَت	لَکّه
شُل	دُکمه	کَمَربَند

تمرین

۱. اگر می‌توانستی یک لباس جادویی داشته باشی، آن لباس چطوری بود؟ (رَنگ، شِکل، جِنس) و چه قدرت جادویی به تو می‌داد؟

1. If you could have a magical piece of clothing, what would it look like (color, shape, material), and what magical power would it give you?

۲. مخالف کلمات زیر را بنویس.

2. Write the opposite for each word.

تَنگ	≠	تَمیز	≠
راحَت	≠	کوتاه	≠
بُزُرگ	≠	مُرَتَّب	≠

۳. کلمات به هم ریخته‌ی زیر را مرتّب کن و جملات بامعنی بساز.

3. Rearrange the words to create meaningful sentences.

بَست. / بابا / کَمَربَندِ / شَلوارَش / را

لِباس / این / گُشاد / اَست. / بَرایِ / مَن

اَست. / راحَت / پیراهَنِ / جَدیدِ / مَن

شُل / شُد. / دُکمه‌یِ / کُتِ / هَمین حالا / مَن

۴. دور جواب درست خط بکش.

4. Circle the correct answer.

هَمین حالا	آلان	فَردا	دو روز قَبل
دیروز	یِک روز قَبل	روزِ بَعد	حالا
لِباسِ مُناسِب	لِباسِ تَنگ	لِباسِ اَندازه	لِباسِ گُشاد
شَبِ قَبل	فَردا شَب	اِمشَب	دیشَب
لَکّه	کَثیف	کوتاه	راحَت
پارسال	اِمسال	یِک سالِ قَبل	دو سالِ قَبل

۵. کلمات مرتبط را به هم وصل کن.

5. Connect the words that are related to each other.

لِباسِ شِنا ○	○ ساحِلِ شِنی
دَستکِش وَ شال گَردَن ○	○ مُسابِقه‌ی دو
دَمپایی ○	○ شَلوار
چَکمه ○	○ روزِ آفتابی
کَفشِ وَرزِشی ○	○ روزِ بَرفی
شَلوارَک ○	○ اِستَخر
کَمَربَند ○	○ روزِ بارانی

۶. جاهای خالی را با کلمات مناسب پر کن.

6. Fill in the blanks using the correct words.

اَندازه	چَند سال قَبل	هَمین اَلان
لَکّه	پارسال	بَعد اَز

- این لِباس ________ اَندازه‌یِ مَن بود، اَمّا اَلان بَرایِ مَن تَنگ اَست.

- پیراهَنِ سارا راحَت وَ ________ اَست.

- ______ بازی دَر پارک، دَست‌هایَم را شُستَم.

- تی‌تی ______ غَذا خورد وَلی باز هَم گُرُسنه اَست.

- آبمیوه رویِ لِباسَم ریخت وَ ______ شُد.

- بابا این کَمَربَند را بَرایِ تَوَلُّدِ ______ مَن خَرید.

۷. از روی اعداد زیر بنویس.

7. Write down the following numbers.

۱۰۰		صَد	
۱۰۱		صَد و یِک	
۱۰۲		صَد و دو	
۱۰۳		صَد و سه	
۱۰۴		صَد و چهار	
۱۰۵		صَد و پَنج	
۱۰۶		صَد و شِش	
۱۰۷		صد و هَفت	
۱۰۸		صَد و هَشت	
۱۰۹		صَد و نُه	
۱۱۰		صَد و دَه	

مشق

۱. متن درس را با صدای بلند بخوان و صدای خود را برای معلّمت ضبط کن.

1. Record your voice as you read the lesson and send the audio file to your teacher.

۲. جاهای خالی را با کلمه‌ی مناسب پر کن.

2. Fill in the blanks using the correct words.

- به لِباسی که بَرایِ ما بُزُرگ اَست ________ می‌گوییم.

- آبمیوه ریخت وَ لِباسَم ________ شُد.

- به لِباسی که بَرایِ ما کوچَک اَست ________ می‌گوییم.

- مامان لِباسِ وَرزِشیِ مَن را شُست وَلی دوباره ________ شُد.

- ________ کَفشَم را مُحکَم بَستَم.

- بَرایِ خوابیدَن لِباسِ ________ می‌پوشیم.

۳. با کلمات زیر جمله بنویس.

3. Write sentences, using the following words.

گَمَربَند - شَلوار - بَستَم

لِباسِ شِنا - اَلان - اِستَخر

چَکمه - باران - چَند روز قَبل

کَفشِ وَرزِشی - قَبل - مُسابِقه

۴. جمله‌های زیر را بخوان و کنار جمله‌های درست علامت (✓) بزن.

4. Read the following sentences and add a (✓) next to the correct ones.

○ کَفشِ وَرزِشی را بَرایِ خواب می‌پوشیم.

○ لِباسِ‌هایِ مامان بَرایِ مَن گُشاد اَست.

○ کَمَربَند را رویِ کَمَر می‌بَندیم.

○ چَکمه بَرایِ وَرزِش خوب اَست.

○ وَقتی هَوا خِیلی سَرد اَست، شَلوارِ کوتاه می‌پوشیم.

○ کَفشِ تَنگ اَنگُشت‌هایِ پا را اَذیَّت می‌کُنَد.

۵. هر تصویر را به کلمه‌ی مناسب وصل کن.

5. Connect each picture to the corresponding word.

○ — ○ کَمَربَند

○ — ○ کَفشِ وَرزِشی

○ — ○ دُکمه

○ — ○ لِباسِ شِنا

○ — ○ پیراهَن

○ — ○ دَمپایی

○ — ○ شَلوارَک

○ — ○ کَفشِ مِهمانی

درس ۱۱ کِلاسِ نَقّاشی

مَن چَند ماه اَست که کِلاسِ نَقّاشی می‌رَوَم.
اَوَّل فَقَط با مِدادِ‌سیاه نَقّاشی می‌کَردَم. اَمّا حالا از مِدادِرَنگی وَ آبرَنگ هَم اِستِفاده می‌کُنَم.
گاهی طَرحی که رویِ کاغَذ می‌کِشَم با چیزی که تویِ فِکرَم هَست فَرق دارَد.
اَمّا ناراحَت نیستَم، چون مُعَلِّم می‌گویَد که با تَمرین بِهتَر می‌شَوَد.
این هَفته دَر کِلاس بَرایِ تَوَلُّدِ بابا یِک نَقّاشیِ خیالی کِشیدَم.
نَقّاشی را تویِ یِک پوشه گُذاشتَم وَ رویِ آن نِوِشتَم:
بَرایِ مِهرَبان‌تَرین بابایِ دُنیا.
وَقتی بابا نَقّاشی را دید، مَن را بَغَل کَرد وَ گُفت:
این بِهتَرین هَدیه اَست.
مَن این نَقّاشی را هَمیشه دَر اُتاقَم نِگَه می‌دارَم.

آیا می‌دانی؟

طَراحی = کِشیدَنِ تَصویر با مِداد
عَلاقه = دوست داشتَنِ چیزی یا کَسی
فَرق دارَد = شَبیه نیست
سَرگَرمی = کارهایی که بَرایِ خوشحالیِ خودِمان اَنجام می‌دَهیم.

هر کلمه را بخوان و معنی آن را بنویس.

نَقّاشی	طَراحی	مِدادرَنگی
مِدادشَمعی	آبرَنگ	قَلَم‌مو
کاغَذِ نَقّاشی	بوم	تابلو
عَلاقه	سَرگَرمی	تَمرین

تمرین

۱. از هرکدام از دوستانت بپرس سرگرمی مورد علاقه‌شان چیست و در جدول بنویس.

1. Ask each of your friends what their favorite hobby is and write it in the table.

نام	سَرگرمیِ موردِ عَلاقه

۲. هر تصویر را به کلمه‌ی مناسب وصل کن.

2. Connect each picture to the corresponding word.

مِدادرَنگی   قَلَم‌مو   آبرَنگ   بوم   مِدادشَمعی   طَراحی

۳. دَر فارسی، هَروَقت که می‌خواهیم نِشان بِدَهیم که چیزی مالِ کَسی اَست، به آخَرین حَرفِ آن اِسم "ـِ" اِضافه می‌کُنیم، مِثلِ: لِباسِ تو.
اَگر آخَرین حَرف "صِدادار" باشَد (یَعنی ـه، آ، او، ای)، یِک "یِ" به آن اِضافه می‌شَوَد.
مِثلِ: **گُربه + ما = گُربه‌یِ ما**
حالا تو کلمه‌های زیر را ترکیب کن و شکل درست را بنویس.

3. To show possession in Persian, we add ـِ to the end of the noun. If the noun ends in a vowel sound (ـه ,آ ,او ,ای), we add "یِ" instead. Like: **گُربه + ما = گُربه‌یِ ما**. Now combine and write the correct form.

شَلوار	+ مَن	=
عَمو		=

غَذا	+ تو	=
دَفتَر		=

دوست	+ او	=
قَلَم‌مو		=

=		سَگ
=	ما +	خانه

=		مَدرِسه
=	شُما +	اُتاق

=		صِدا
=	آنها +	مُعَلِّم

4. Complete the following sentences using the words "اگر" , "امّا" , or "ولی".

۴. جملات زیر را با استفاده از «امّا», «اگر», یا «ولی» کامل کن.

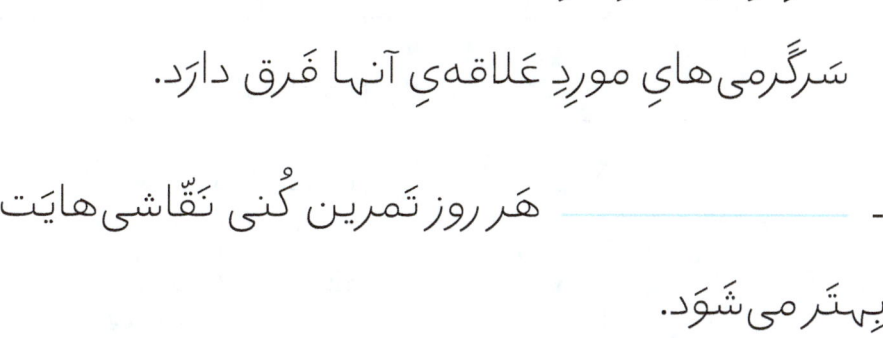

ـ سارا وَ نیما دوقُلو هَستَند _____ سَرگَرمی‌هایِ موردِ عَلاقه‌یِ آنها فَرق دارَد.

ـ _____ هَر روز تَمرین کُنی نَقّاشی‌هایَت بِهتَر می‌شَوَد.

PERFECT YOUR
Persian

- عَمّه آرزو هَفتهِ‌یِ قَبل مَریض شُد ____________

اِمروز بِهتَر اَست.

- مَن طَراحی را دوست دارَم ____________

پِسَر خالهِ‌یِ مَن به وَرزِش عَلاقه دارَد.

۵. از روی اعداد زیر بنویس.

5. Practice writing the following numbers.

۱۱۱		صَد و یازدَه	____________
۱۱۲		صَد و دَوازدَه	____________
۱۱۳		صَد و سیزدَه	____________
۱۱۴		صَد و چهاردَه	____________
۱۱۵		صَد و پانزدَه	____________
۱۱۶		صَد و شانزدَه	____________
۱۱۷		صَد و هِفدَه	____________
۱۱۸		صَد و هِجدَه	____________
۱۱۹		صَد و نوزدَه	____________
۱۲۰		صَد و بیست	____________

۶. جملات زیر را با استفاده از کلمات داخل پرانتز سوالی کن.

6. Turn the following sentences into questions using the words in parentheses.

- سَرگَرمیِ موردِ عَلاقه‌یِ مَن نَقّاشی با آبرَنگ اَست. (چی)

- سارا دَر تابِستان به کِلاسِ موسیقی رَفت. (کِی)

- بَرادَرَم رویِ بوم، یِک جَنگَل نَقّاشی کَرد. (کُجا)

- سام پارسال یادگِرِفت که پیانو بِزَند. (چی)

- خاله لیلی هَمیشه به فارسی آواز می‌خوانَد. (کی)

۷. کلمات مرتبط را به‌هم وصل کن.

7. Connect the words that are related to each other.

نَقّاشی	موسیقی	رَقص	شَطرَنج	طَراحی
آهَنگ	مِدادِسیاه	آبرَنگ	گیتار	بازیِ فِکری

مشق

۱. متن درس را با صدای بلند بخوان و صدای خود را برای معلّمت ضبط کن.

1. Record your voice as you read the lesson and send the audio file to your teacher.

۲. کلمه‌های زیر را ترکیب کن و با ۲ تا از کلمه‌های جدید جمله بساز.

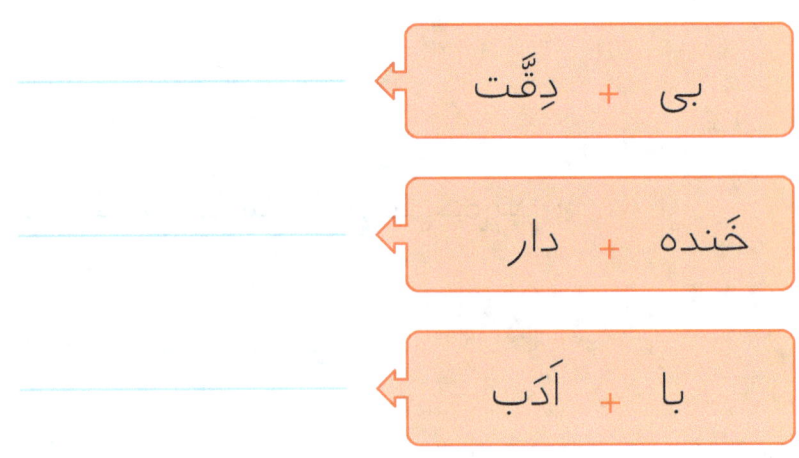

2. Combine to create new words. Then write two sentences using two of the new words.

بی + دِقَّت → ______

خَنده + دار → ______

با + اَدَب → ______

تَرس + ناک ←	_____
نا + مُرَتَّب ←	_____
بی + صِدا ←	_____
نا + راحَت ←	_____
با + حوصِله ←	_____

- _____

- _____

3. Write the negative form of the following verbs.

۳. شکل منفی فعل‌های زیر را بنویس.

- نَقّاشی کَردَم. ← ____________
- تَمرین کَرد. ← ____________
- شِنیدَم. ← ____________
- گُفتی. ← ____________
- دُرُست کَردیم. ← ____________

4. In each set, circle the word that is unrelated to others.

۴. در هر دسته، دور کلمه‌ای که با بقیه مربوط نیست خط بکش.

مِدادرَنگی	بوم	مِدادشَمعی	آیِنه	قَلَم‌مو
خوشحال	عَصَبانی	ناراحَت	نِگَران	زود
نَقّاشی	موسیقی	اِشتِها	وَرزِش	رَقص
کِشید	نَقّاشی‌کَرد	طَراحی‌کَرد	راه‌رَفت	رَنگ کَرد

5. Write three sentences about your favorite hobby, using three of the suggested words.

۵. با سه‌تا از کلمه‌های زیر در مورد سرگرمی مورد علاقه‌ات سه جمله بنویس.

عَلاقه	سَرگَرمی	تَمرین
خوشحال	بِهتَر	دوست‌دارَم

-

-

-

درس ۱۲ مِهمانیِ یَلدا

اِمشَب دَر خانه‌یِ ما مِهمانیِ یَلدا اَست. خاله لیلی زودتَر برایِ کُمَک آمَد.

مامان آش پُخت. بابا هِندِوانه را بُرید وَ آجیل را رویِ میز گُذاشت.

مَن وَ سام با خاله لیلی اَنارها را دانه کَردیم.

خاله به مامان گُفت: تو شِعرِ اَنار را یادَت هَست؟

مامان گُفت: بَله، دَر کِتابِ کِلاسِ دُوُّم بود!

بَعد خاله وَ مامان با هَم شِعر را شُروع کَردَند:

صَد دانه یاقوت   دَسته به دَسته
با نَظم وَ تَرتیب   یِک جا نِشَسته
هَر دانه‌ای هَست   خوش‌رَنگ وَ رَخشان
قَلبِ سِفیدی   در سینه‌یِ آن
یاقوت‌ها را   پیچیده باهَم
دَر پوشِشی نَرم   پَروردِگارَم
سُرخ اَست وَ زیبا   نامَش اَنار اَست
هَم تُرش وَ شیرین   هَم آبدار اَست

(مُصطَفی رَحماندوست)

آیا می‌دانی؟

تَرانه = شِعر، سُرود   داستان = قِصّه
خاطِره = داستانِ اِتِّفاق‌هایِ قَدیم   سُرخ = قِرمِز
تَعریف کَرد = گُفت   حِفظ کَرد = یاد گِرِفت
بُرید = قاچ کَرد

هر کلمه را بخوان و معنی آن را بنویس.

مِهمانی	جَشن	رَسم
قَدیمی	خاطِره	یاد
هَمکاری	کُمَک	حِفظ
قِصّه	شِعر	عَکسِ گُروهی

تمرین

۱. یک خاطره از شب یلدا تعریف کن.

1. Tell a memory you have from a Yalda Night.

۲. هر کلمه را به معنی‌اش وصل کن.

2. Connect each word to its meaning.

قِصّه	هَمکاری	تَعریف کَرد	بُرید	دورِهَم جَمع شُدَند
○	○	○	○	○
○	○	○	○	○
گُفت	باهَم دَر یِک‌جا بودَند	قاچ کَرد	داستان	کُمَک

۳. جاهای خالی را با فعل‌های مناسب پر کن.

3. Fill in the blanks using the correct verbs.

دانه می‌کُنیم	تَعریف می‌کُنَند	اَست
جَمع می‌شَوَند	می‌خوریم	می‌گویَد

- یَلدا طولانی‌تَرین شَبِ سال ____________ .

- خانِواده‌هایِ ایرانی بَرایِ یَلدا دورِ هَم ______________.

- بُزُرگتَرها خاطِره ______________.

- مادَربُزُرگ دَر شَبِ یَلدا بَرایِ ما قِصّه ______________.

- ما دَر شَبِ یَلدا هِندِوانه وَ اَنار وَ آجیل ______________.

- ما اَنارهایِ سُرخ را ______________.

۴. با کلمات زیر جمله بنویس.

4. Write sentences, using the following words.

چَند روز پیش - مِهمانی

____

هَرسال - خاطِره

____

هَرشَب - قِصّه

____

هَمین اَلان - کُمَک

5. Make a sentence using each verb.

۵. با هر فعل یک جمله بساز.

یادَم بود تَعریف کَرد کِشیدَم یادنگِرِفتَم

-

-

-

-

۶. جملات زیر را با استفاده از کلمات داخل پرانتز سوالی کن.

6. Turn the following sentences into questions using the words in parentheses.

- اِمشَب بَرایِ یَلدا مِهمانی داریم. (چرا)

- مامان بَرایِ شَبِ یَلدا آش دُرُست کرد. (کی)

- بابا هِندِوانه را با چاقو قاچ کرد. (چِطوری)

- خاله لیلی شِعرِ اَنار را بَرایِ بَچّه‌ها خواند. (کُدام)

- بابابُزُرگ بَرایِ ما اَز بَچّگیِ خودَش خاطِره‌یِ خَنده‌دار تَعریف کرد. (چی)

۷. هر تصویر را به رنگ‌مناسب وصل کن.

7. Connect each picture to the corresponding color.

سُرخ　　سُرمه‌ای　　صورَتی　　بَنَفش　　قَهوه‌ای

مشق

۱. متن درس را با صدای بلند بخوان و صدای خود را برای معلّمت ضبط کن.

1. Record your voice as you read the lesson and send the audio file to your teacher.

۲. مانند مثال، شکل منفی فعل‌ها را بنویس.

2. Write the negative form of the following verbs, like the example.

- مَن شِعرِ جَدید یاد گِرِفتَم. ⇦ مَن شِعرِ جَدید یاد نَگِرِفتَم.

- اِمسال هِندِوانه‌یِ شَبِ یَلدا شیرین بود.

- ما دَر شَبِ یَلدا خیار خوردیم.

- ما به خانه‌یِ مامان‌بُزُرگ رَفتیم.

- تو به مامان کُمَک کَردی.

۳. با استفاده از کلمات زیر یک داستان بنویس.

3. Write a short story using the following words.

مِهمان	ایرانی	عَکسِ گُروهی	خوشمَزه

۴. جاهای خالی را با کلمه‌ی مناسب پر کن.

4. Fill in the blanks using the correct words.

شِعر	آش	یَلدا
آجیل وَ میوه	اَنار	خاطِره
	گُروهی	

- دیشَب شَبِ ______ بود وَ ما دَر خانه‌یِ‌مان مِهمانی داشتیم.

- مامان یِک قابلَمه ______ خوشمَزه پُخت.

ـ مَن وَ خواهَرَم با کُمَکِ بابا، ‏_____

را دانه کَردیم.

ـ رویِ میز ظَرفِ _____ بود.

ـ خاله یِک _____ قَشَنگ خواند.

ـ مامان بُزُرگ بَرایِ ما یِک _____

قَدیمی تَعریف کَرد.

ـ آخَرِ شَب هَمه با هَم یِک عَکسِ _____

گِرِفتیم.

5. Fill out the missing numbers.

۵. جدول اعداد زیر را کامل کن.

۴۷	
۸۳	
	صَد و سیزدَه
۱۰۲	
	هَفتاد و چهار
۵۵	
	نَوَد و نُه
۶۱	
۳۶	
۱۱۹	

درس ۱۳ زِمستانِ بَرفی

صُبح با صِدایِ بابا اَز خواب بیدار شُدَم. او اَز پَنجِره بیرون را نِگاه کَرد وَ گُفت: بِبینید چِقَدر بَرف آمَد!
چون پَنجِره‌یِ اُتاقِ مَن یَخ زَده بود، به اُتاقِ سام رَفتَم وَ بیرون را نِگاه کَردَم.
هَمه‌یِ خیابان سِفید بود. بَرفِ خِیلی زیادی رویِ زَمین وَ خانه‌ها نِشَسته بود.
هَمه کُت وَ کُلاهِ گَرم پوشیدیم وَ بیرون رَفتیم.
با اینکه آسِمان آفتابی بود، هَوا خِیلی سَرد بود.
بابا با یِک پارویِ بُزُرگ بَرفِ جِلویِ پارکینگ را پاروکَرد.
مارکو، هَمسایه‌یِ ما هم آهِسته اَز خانه‌اَش بیرون آمَد.
او پیرمَردی اَست که تَنها زِندِگی می‌کُنَد.
بابا با کُمَکِ چَند هَمسایه‌یِ دیگر، بَرفِ جِلویِ خانه‌یِ مارکو را هَم پارو کَردَند.
مارکو گُفت: خِیلی مَمنون. وَقتی که هَوا گَرم شُد، دَر حَیاطِ خانه‌یِ مَن جَمع می‌شَویم وَ کَباب دُرُست می‌کُنیم.

آیا می‌دانی؟ آهِسته = آرام پارو کَردَند = با پارو بَرف‌ها را جَمع کَردَند.

هر کلمه را بخوان و معنی آن را بنویس.

اَبری	آفتابی	آب و هَوا

طوفانی	بَرفی	بارانی

پارو	رَعد و بَرق	یَخبَندان

خُنَک	سَرما	گَرما

تمرین

۱. در محله‌ای که تو زندگی می‌کنی، همسایه‌ها چطوری به هم کمک می‌کنند؟ برای همکلاسی‌هایت توضیح بده.

1. In the neighborhood where you live, how do neighbors help each other? Explain it to your classmates.

۲. زیر هر تصویر اسم آب و هوا را بنویس و بعد به کلمه‌ی مناسب وصل کن.

2. Write the name of the weather condition under each picture, then connect each to the relevant word.

بادبادَک   چَتر   پارو   عِینَکِ آفتابی

۳. هر کلمه را در جای مناسب بنویس.

3. Fill in the blanks using the correct words.

طوفانی	بارانی	یَخبَندان	آفتابی	بَرفی

-وَقتی که خورشید را دَر آسِمان می‌بینی. ⇦ هَوایِ ____________

-وَقتی که باران می‌بارَد. ⇦ هَوایِ ____________

-وَقتی که بَرف می‌بارَد. ⇦ هَوایِ ____________

-وَقتی که باد وَ باران وَ رَعدوبَرق شَدید اَست.

⇦ هَوایِ ____________

-وَقتی که هَمه جا یَخ بَسته. ⇦ هَوایِ ____________

۴. دَر جُملهٔ "چون بَرفِ خِیلی زیادی بارید، مَدرِسه تَعطیل شُد."، بَرفِ زیاد دَلیلِ تَعطیل شُدَنِ مَدرِسه اَست. کَلَمهٔ "چون"، دَلیل را به توضیحِ اِتِّفاق وَصل می‌کُنَد.

کَلَمِه‌هایِ دیگَری مِثلِ چون‌که، وَقتی‌که، بااینکه هَمین کار را می‌کُنَند.

حالا قسمت اوّل و دوّم جمله‌هایِ زیر را به هم وصل کن.

4. In the sentence "**چون بَرفِ خِیلی زیادی بارید، مَدرِسه تَعطیل شُد.**" , the word "**چون**" connects the reason to the explanation of what happened. Other words like "**وقتی‌که**" , "**چون‌که**" , and "**با اینکه**" also do the same job. Now, connect the first and second part of the following sentences.

مَن مُواظِب بودَم که لیز نَخورَم، ○	○ هَمه‌یِ بَستَنی را خوردَم.
بااینکه بَرف می‌بارید، ○	○ آسمان پُر اَز سِتاره شُد.
وَقتی‌که شَب شُد، ○	○ با چَتر به مَدرِسه رَفتَم.
بااینکه سیر بودَم، ○	○ چون‌که زَمین یَخ زَده بود.
چون هَوا بارانی بود، ○	○ پیاده به مَدرِسه رَفتَم.

۵. با کلمات زیر جمله بنویس.

5. Write sentences, using the following words.

هَمسایه - خیابان

آب‌وهَوا	-	شَهر

یَخ	-	لیز

طوفان	-	باد

---

۶. در هر دسته، دور کلمه‌ای که با بقیه مربوط نیست خط بکش.

6. In each set, circle the word that is unrelated to others.

زِمِستان	داغ	پارو	بَرف	آدَم‌بَرفی
آفتابی	تابِستان	عِینَکِ آفتابی	اِسکی	شَلوارَک
آسِمان	یَخبَندان	رَعدوبَرق	باران	بَرف
سَرما	گَرما	کُلاه	خُنَک	داغ

۷. دَر جُملهِ‌یِ فارسی، هَمیشه فِعل با فاعِل هَماهَنگ اَست. مِثال: مَن آمَدَم. تو آمَدی. او آمَد. به این هَماهَنگ کَردَن، "صَرفِ فِعل" می‌گویَند. به نمونه‌های صرف فعل دِقَّت کن و بعد جدول زیر را برای هر فعل کامل کن.

7. In a Persian sentence, the verb always agrees with the subject. Matching the verb to the subject is called "**verb conjugation**" or "**صَرفِ فِعل**". Now conjugate each verb according to the pronoun.

	فاعِل	فِعل	جُمله
یِک نَفَر	مَن	رَفت + ـَم	مَن رَفتَم
	تو	رَفت + ی	تو رَفتی
	او	رَفت	او رَفت
چَند نَفَر	ما	رَفت + یم	ما رَفتیم
	شُما	رَفت + ید	شُما رَفتید
	آنها	رَفت + ـَند	آنها رَفتَند

	مَن	تو	او
دید			
نِوِشت			
گُفت			

	ما	شُما	آنها
آمَد			
پوشید			
خورد			

مشق

۱. متن درس را با صدای بلند بخوان و صدای خود را برای معلّمت ضبط کن.

1. Record your voice as you read the lesson and send the audio file to your teacher.

2. Fill in the blanks using the correct words.

۲. جاهای خالی را با کلمات مناسب پر کن.

پارو کَردیم	لیز خورد	وَقتی‌که	شُروع شُد	بارید

- اِمروز هَوا سَرد بود وَ بَرفِ زیادی ______ .

- دوستَم رویِ بَرف ______ وَ به زَمین اُفتاد.

- من با کُمَکِ بابا بَرف ها را ______ .

- ______ بابا مَریض شُد، مامان بَرایِ او سوپ دُرُست کَرد.

- بَرادَرَم زود اَز پارک به خانه آمَد چون‌که طوفانِ شَدیدی ______ .

3. Write the numbers that come
before and after.

۳. عدد قبل و بعد از هر کدام را
بنویس.

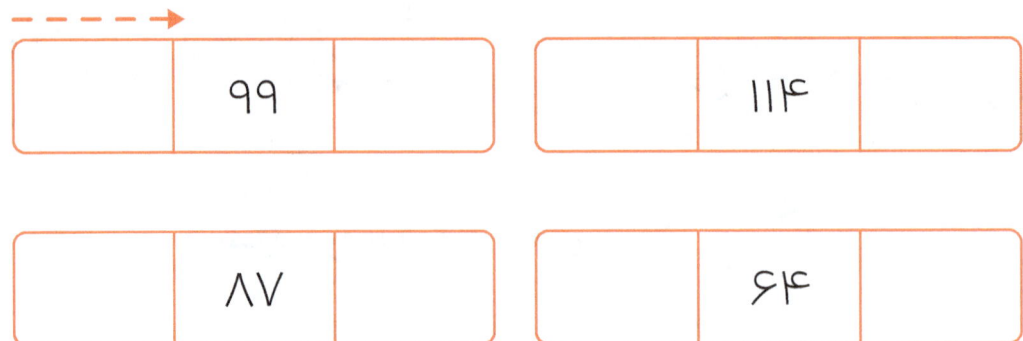

	۱۱۴	

	۹۹	

	۶۴	

	۸۷	

4. Fill in the blanks using the
correct verb.

۴. جای خالی را با فعل مناسب پُر کن.

ما شِنا _____	مَن غَذا خوردَم.
شُما شِنا _____	تو غَذا _____
آنها شِنا _____	او غَذا _____

5. Write a story, using at least four of the suggested words.

۵. چهارتا از کلمه‌های زیر را استفاده کن و یک داستان کوتاه بنویس.

اِمروز	با اینکه	باران	سَرما
چَتر	چون‌که	بارید	اَبری
	رَنگین‌کمان	بَعد اَز	

06:00

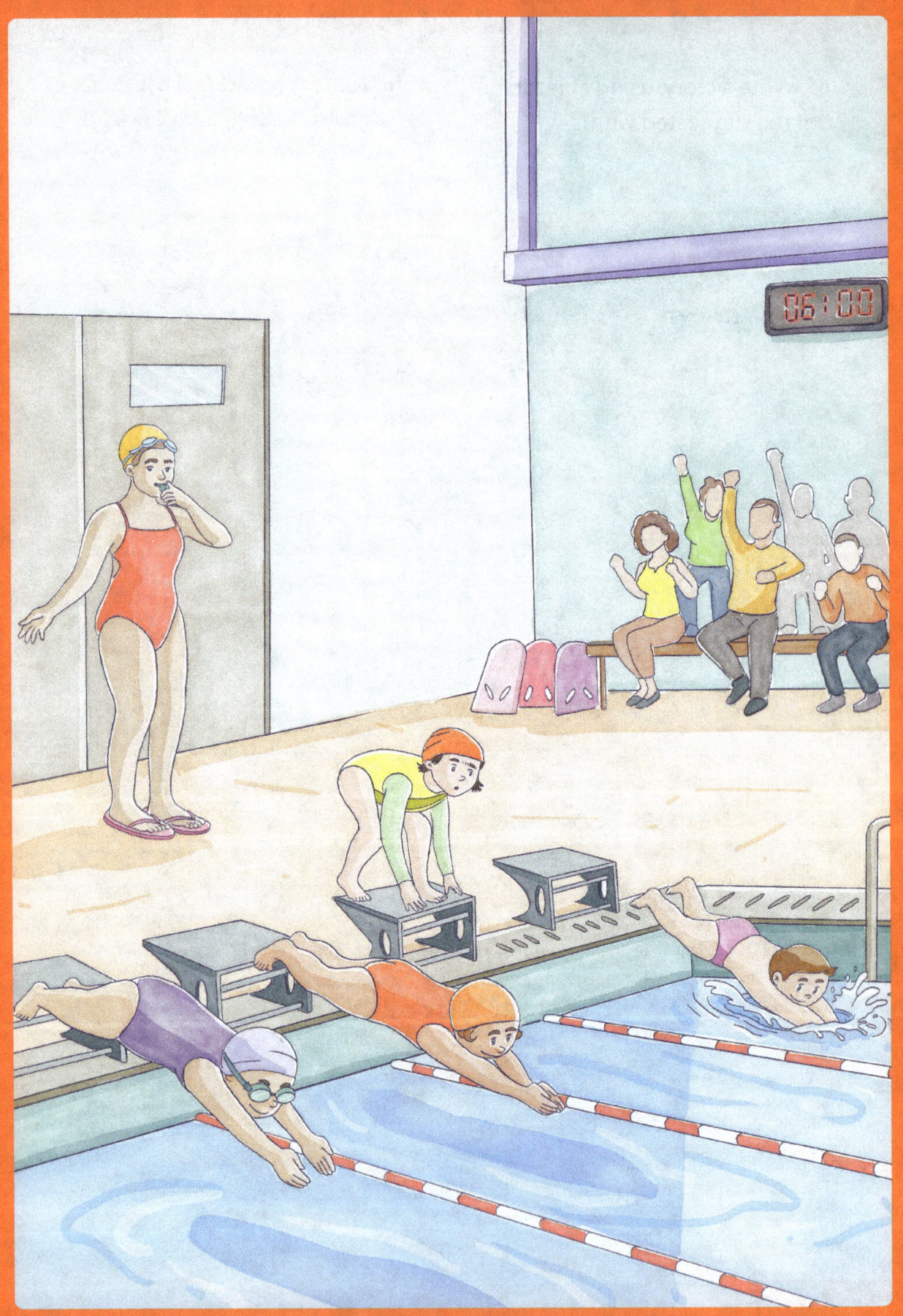

درس ۱۴ مُسابِقه‌یِ شِنا

مَن اِمروز ساعَتِ شِشِ عَصر مُسابِقه‌یِ شِنا داشتَم.
مامان، بابا، وَ سام هَم بَرایِ تَماشا آمَدَند. آنها بَرایِ مَن دَست تِکان دادَند.
مُرَبّیِ شِنا گُفت: آماده باشید! وَقتی سوت زَدَم، مُسابِقه شُروع می‌شَوَد.
مَن خِیلی هَیَجان داشتَم وَ حَواسَم پَرت شُد.
صِدایِ سوت را به موقِع نَشنیدَم وَ چَند ثانیه دیرتَر تویِ آب پَریدَم.
با سُرعَت شِنا کَردَم. وَقتی مُسابِقه تَمام شُد اَز آب بیرون آمَدم.
دوستَم گُفت: آفَرین دِنا، تو دُوُّم شُدی!
مَن اَز خوشحالی پَریدم وَ دوستَم را بَغَل کَردَم. اَمّا لیز خوردَم وَ دوباره تویِ اِستَخر اُفتادَم!

نیم = ۱/۲   رُبع = ۱/۴   وَقت = زَمان   به‌موقِع = سَرِوَقت
حَواسَم پَرت شُد = به چیزِ دیگَری سَرگَرم شُدَم.

هر کلمه را بخوان و معنی آن را بنویس.

ساعَت

دَقیقه

ثانیه

عَقرَبه

وَقت

شُروع

تَمام

اَوَّل

آخَر

دیر

زود

به‌موقِع

تمرین

۱. اگر یک ساعت داشتی که می‌توانست زمان را به عقب ببرد با آن چکار می‌کردی ؟

1. If you had a watch that could turn back the time, what would you do with it?

۲. با کلمات زیر جمله بنویس.

2. Write sentences, using the following words.

شُروع - مُسابِقه

به‌موقِع - مَدرِسه

صُبح - زود

ساعَت - کِلاسِ شِنا

۳. هر تصویر را به کلمه‌ی مناسب وصل کن.

3. Connect each picture to the corresponding word.

ساعَتِ دیواری

ساعَتِ مُچی

ساعَتِ شِنی

ساعَتِ رومیزیِ زَنگ‌دار

۴. خواندن ساعت را در فارسی یاد بگیر.

4. Learn to tell the time in Persian.

یِک ساعَت = ۶۰ دَقیقه

یِک دَقیقه = ۶۰ ثانیه

نیم ساعَت = ۳۰ دَقیقه

یِک رُبع = ۱۵ دَقیقه

ساعَت ۳:۰۰

ساعَت ۵:۱۵

ساعَت ۸:۳۰

حالا بنویس که هرکدام چه ساعتی را نشان می‌دهند.

Now write what time each one shows.

۵. در هرکدام از جملات زیر فعل با فاعل هماهنگ نیست. فعل درست را جایگزین کن.

5. In each of the following sentences, the verb does not match the subject. Write the correct form of the verb.

- مَن به‌موقِع به مَدرِسه رِسیدی. ⇦ ____________

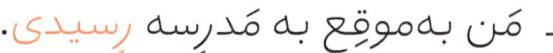

- سام دَر مُسابِقه‌یِ دو بَرَنده شُدی. ⇦ ____________

- خواهَرَم زودتَر اَز مَن غَذایَش را تَمام کَردیم.

⇦ ____________

- مامان وَ بابا شَب‌ها دیرتَر اَز مَن می‌خوابیم.

⇦ ______

- ما اِمروز ساعَتِ آخَر دَر مَدرِسه نَقّاشی کَردَند.

⇦ ______

۶. دَر فارسی وَقتی می‌خواهیم تَرتیب یا جایگاهِ چیزی را با عَدَد توضیح بِدَهیم، به جایِ "یِک، دو، سه، چِهار، ..." می‌گوییم: "اَوَّل، دُوُّم، سِوُّم، چِهارُم، ..." مِثال:
مَن دَر مُسابِقه اَوَّل شُدَم.
حالا جمله‌های زیر را با کلمه‌ی درست کامل کن.

6. In Persian, when we want to explain the order or position of something using numbers, we use ordinal numbers.
Review the examples and then, complete the following sentences with the correct word.

- مَن اِسمَم را دَر صَفحه‌یِ اَوَّلِ کِتابَم نِوِشتَم. (۱)

- مُعَلِّم گُفت: هَفته‌یِ پیش دَرسِ ______ تَمام شُد. (۲) اِمروز دَرسِ ______ را شُروع می‌کُنیم. (۳)

- رَنگِ ______ رَنگین‌کَمان سَبز اَست. (۴)

- تو قَبلاً ایران رَفتی؟ بَله، این سَفَرِ ______ مَن به ایران اَست. (۲)

۷. از روی اعداد زیر بنویس.

7. Practice writing the numbers.

۱۱۰		صَد و دَه	
۱۲۰		صَد و بیست	
۱۳۰		صَد و سی	
۱۴۰		صَد و چِهِل	
۱۵۰		صَد و پَنجاه	
۱۶۰		صَد و شَصت	
۱۷۰		صَد و هَفتاد	
۱۸۰		صَد و هَشتاد	
۱۹۰		صَد و نَوَد	
۲۰۰		دِویست	

مشق

۱. متن درس را با صدای بلند بخوان و صدای خود را برای معلّمت ضبط کن.

1. Record your voice as you read the lesson and send the audio file to your teacher.

۲. در داستان زیر، جاهای خالی را با کلمه‌های مناسب پر کن.

2. In the following story, fill the blanks, using the correct words.

ساعَت	دیرتَر	زود
خاموش	وَقتی	عَجَله

اِمروز ________ اَز هَمیشه بیدار شُدَم.

با ________ لِباس پوشیدَم وَ کیفَم را بَرداشتَم.

اَمّا ________ به آشپَزخانه رَفتَم، دیدَم چراغ ها

هَنوز ________ اَست!

مامان گُفت: "ساعَت را اِشتِباه خواندی، هَنوز خِیلی

________ اَست!"

اَز آن روز یاد گِرِفتَم که هَمیشه بادِقَّت به ________

نِگاه کُنَم.

۳. جمله‌ها را با نوشتن ساعت درست درجای خالی کامل کن.

3. Fill in the blanks using the correct time.

-
آرَش هَر شَب ساعَتِ نُه می خوابَد.

-
مامان مَن را ساعَتِ ______________
صُبح بیدار می‌کُنَد که صُبحانه بُخورم.

-
مَن هَر روز ساعَتِ ______________
سوارِ اُتوبوسِ مَدرِسه می‌شَوَم.

-
اُتوبوس ساعَتِ ______________
به مَدرِسه می رِسَد.

-
مَدرِسه ساعَتِ ______________
تَعطیل می شَوَد.

۴. مخالف کلمات زیر را بنویس.

4. Write the opposite for each word.

شُروع	≠	______	بیرون	≠	______
زود	≠	______	به‌موقِع	≠	______
آهِسته	≠	______	اَوَّل	≠	______

۵. برای هر جمله فعل مناسب بنویس.

5. Write the correct form of verb for each sentence.

- شُما به‌موقِع به مِهمانی رِسیدَند. ⇦ ______

- تیمِ ما دَر مُسابِقه‌یِ اِمروز سِوُّم شُدَم.

⇦ ______

- داوَر سوت زَد وَ مُسابِقه شُروع شُدی.

⇦ ______

ـ مَن یِک توپ بَرَنده شُدی چون نَفَرِ دُوُّمِ مُسابِقه شُدَم.

_____

ـ تو زودتَر اَز مَن ساندِویچَت را تَمام کَردیم.

_____

March

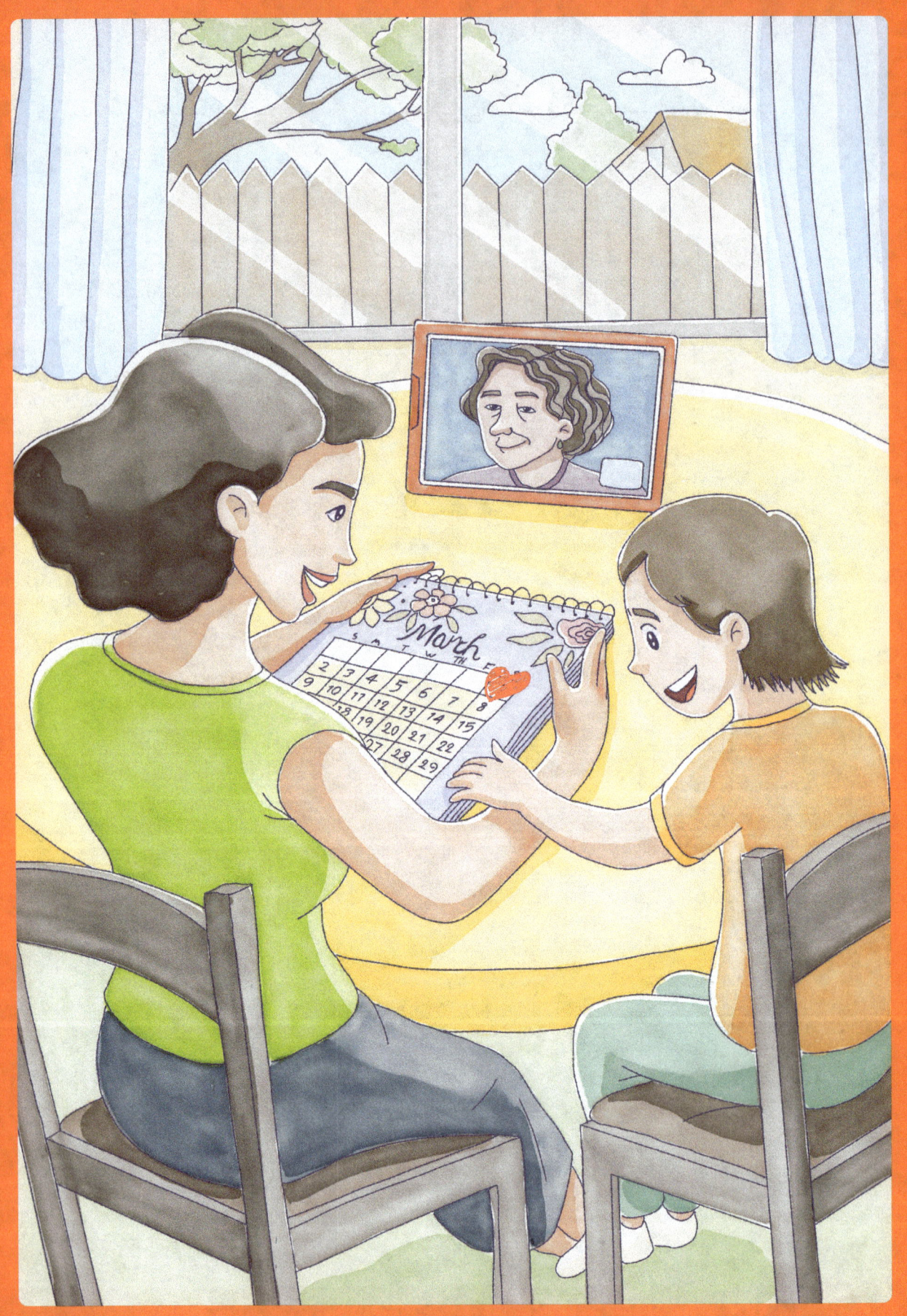

درس ۱۵ تَقویم

مامان شیرین نُه ماه اَست که به خانه‌یِ ما نَیامَده.
مَن دِلَم بَرایِ او خِیلی تَنگ شُده. مَن هَر آخَرِ هَفته با او تِلِفُنی حَرف می‌زَنَم.
به او گُفتَم : پَس کِی به اینجا می‌آیی؟
او گُفت: مَن بَرایِ عِیدِنوروز به آمریکا می‌آیَم.
مامان از رویِ تَقویم ماهِ مارچ را به مَن نِشان داد.
مَن هَفته‌ها را شِمُردَم.
به مامان شیرین گُفتَم: هَنوز هَفت هَفته به شُروعِ بَهار مانده.
او گُفت: مَن هَر هَفته بَرایِ تو داستانِ یِکی اَز سین‌هایِ هَفت‌سین را تَعریف می‌کُنَم.
وَقتی به عِیدِ نوروز بِرِسیم، داستانِ هَفت‌سین را کامِل یاد می‌گیری.

آیا می‌دانی؟

تَقویم = جَدولی که روز، هَفته وَ ماه‌هایِ سال را نِشان می دَهَد.
هَفتِگی = چیزی که یِک‌بار دَر هَفته اِتِّفاق می‌اُفتَد.
تَعریف می‌کُنَم = می‌گویَم

هر کلمه را بخوان و معنی آن را بنویس.

تَقویم	تاریخ	زَمان
_____	_____	_____

فَصل	سال	ماه
_____	_____	_____

هَفته	آخَرِ هَفته	هَفتِگی
_____	_____	_____

یِک روز دَر میان	طولانی	کوتاه
_____	_____	_____

تمرین

۱. با کمک معلّمت، تاریخ تولّد خودت را به تقویم ایرانی پیدا کن و بنویس.

1. With the help of your teacher, find and write your date of birth according to the Iranian calendar.

	روزِ تَوَلُّد	ماهِ تَوَلُّد	سالِ تَوَلُّد
تَقویمِ ایرانی			
تَقویمِ میلادی			

۲. روزهای هفته را به فارسی یاد بگیر. بعد جملات زیر را با روزهای هفته‌ی مناسب پرکن (بر اساس تقویم محل زندگی دانش آموز).

2. Learn the days of the week in Persian. Then, complete the following sentences using the correct day of the week (based on the calendar of where you live).

←----

شَنبه	یِکشَنبه	دوشَنبه	سه‌شَنبه	چهارشَنبه	پَنج‌شَنبه	جُمعه
Saturday	Sunday	Monday	Tuesday	Wednesday	Thursday	Friday

- اِمروز شَنبه اَست. فَردا ________ اَست.

- دیروز سه شَنبه بود. اِمروز ________ اَست.

- ________ آخَرین روزِ مَدرِسه دَر هَفته اَست.

- ________ وَ ________ روزهایِ آخَرِ هَفته هَستَند.

- ________ روزِ اَوَّلِ هَفته اَست.

۳. قسمت اوّل و دوّم جمله‌ها را به هم وصل کن.

3. Connect the first and second part of each sentence.

هَر سال ○	○ سی روز اَست.
هَر هَفته ○	○ سه ماه اَست.
هَر ماه ○	○ هَفت روز اَست.
هَر فَصل ○	○ دوازدَه ماه اَست.
هَر سال ○	○ چهار فَصل اَست.
یِک روز ○	○ ۲۴ ساعَت اَست.

4. Use each of the following words
to write a sentence.

۴. با کلمات زیر جمله بنویس.

هَفتِگی

_____

تَقویم

_____

آخَرِ هَفته

_____

کوتاه

_____

۵. جاهای خالی را با کلمات مناسب پر کن.

5. Fill in the blanks using the correct words.

تَقویم	یِک روز دَرمیان	هَرروز
طولانی	آخَرِ هَفته	سالی یِک‌بار

- مَن __________ مِسواک می‌زَنَم.

- مامانَم __________ گُلدانها را آب می دَهَد.

- ما __________ به مَدرِسه نِمی‌رَویم.

- مامان بُزُرگ گُفت: لُطفاً __________ را نِگاه کُن وَ تاریخِ اِمروز را به مَن بِگو.

- دَر زِمِستان روزها کوتاه‌تَر اَست، اَمّا دَر تابِستان روزها __________ تَر اَست.

- ما __________ به ایران سَفَر می‌کُنیم.

۶. جملات زیر را با استفاده از کلمات داخل پرانتز سوالی کن.

6. Turn the following sentences into questions using the words in parentheses.

- مَدرِسه آخَرِ هَفته‌ها تَعطیل اَست. (کِی)

- تاریخِ تَوَلُّدِ مامان را اَز رویِ تَقویم پِیدا کَردَم. (چطور)

- مادَربُزُرگ سالی یِک‌بار به آمریکا می‌آیَد. (کی)

- سام یِک روز دَرمیان فوتبال تَمرین می‌کُنَد. (چی)

۷. خانه‌های جدول را با اضافه کردن ۱۰ تا به هر عدد، از ۱۰۰ تا ۲۰۰ پر کن.

7. Fill in the table by adding 10 to each number, starting from 100 up to 200.

۱۰۰										۲۰۰

مشق

۱. متن درس را با صدای بلند بخوان و صدای خود را برای معلّمت ضبط کن.

1. Record your voice as you read the lesson and send the audio file to your teacher.

۲. روزهای هفته را مرور کن و به سوالات زیر جواب بده.

2. Review days of the week in Persian and answer the following questions.

- روزِ بَعد اَز جُمعه چه روزی اَست؟ ______

- روزِ قَبل اَز پَنج‌شَنبه چه روزی اَست؟ ______

- روزِ بَعد اَز شَنبه چه روزی اَست؟ ______

- چه روزهایی دَر آخَرِ هَفته تَعطیل هَستَند؟

______ وَ ______

- کُدام روز، وَسَطِ هَفته قَرار دارَد؟ ______

3. Fill in the blanks using the correct verb.

۳. شکلِ درست فعل را در جای خالی بنویس.

- تیمِ مَدرِسه‌یِ ما مُسابِقه‌یِ هَفتِگیِ فوتبال ________ . (دارَد - داریم - داری)

- مَن هَفته‌ای یِک‌بار اُتاقَم را تَمیز ________ .

(می‌کُنیم - می‌کُنَد - می‌کُنَم)

- ما هَرسال تابِستان به سَفَر ________ .

(می‌رَوَم - می‌رَوید - می‌رَویم)

- شُما دَر کِلاسِ فارسی چه کِتابی ________ ؟

(می‌خوانید - می‌خوانَد - می‌خوانَند)

- ایرانی‌ها سالِ نو را دَر بَهار جَشن ________ .

(می‌گیرَد - می‌گیرَند - می‌گیریم)

۴. جمله‌های زیر را بخوان و کنار جمله‌های درست علامت (✓) بزن.

4. Read the following sentences and add a (✓) next to the correct ones.

- ○ هَر روز ۲۴ ساعَت اَست.
- ○ هَر سه ماه یِک فَصل اَست.
- ○ هَر سال ۲۴ ماه دارَد.
- ○ هَر ماه ۳۳ روز اَست.
- ○ هَر سال چهار فَصل دارَد.
- ○ یِک هَفته شِش روز دارَد.

۵. اگر می‌توانستی برای برنامه‌ی خودت تصمیم بگیری، در هر روز هفته چه کارهایی انجام می‌دادی؟ روزهای هفته و برنامه‌ی آن را بنویس.

5. If you could decide your own schedule, what would you do each day of the week? Write the days of the week and your plan for each one.

روزِ اَوَّل: ____________________

____

روزِ دُوُّم:

روزِ سِوُّم:

روزِ چهارُم:

روزِ پَنجُم:

روزِ شِشُم:

روزِ هَفتُم:

درس ۱۶ وَسایلِ مَدرِسه

اِمروز با خاله لیلی به خَرید رَفتَم. خاله لیلی صَد تا مِدادِسیاه، پَنجاه تا پاک‌کُن وَ تَراش، وَ بیست تا جامِدادی وَ خَط‌کِش خَرید. مَن خِیلی تَعَجُّب کَردَم.

به او گُفتَم: خاله، شُما که دیگر به مَدرِسه نِمی‌رَوی. چِرا اینها را خَریدی؟

خاله لیلی لَبخَند زَد وَ گُفت: مَن دوست دارَم که بَچّه‌ها دَر هَمه جایِ دُنیا مَدرِسه بِرَوَند وَ دَرس بِخوانَند. وَلی بَعضی اَز خانِواده‌ها پول بَرایِ وَسایلِ مَدرِسه‌یِ بَچّه‌هایِشان نَدارَند. مَن دوست دارَم کُمَک کُنَم که آن بَچّه‌ها هَم راحَت مَدرِسه بِرَوَند.

گُفتَم: مَن هَم می‌تَوانَم کُمَک کُنَم؟

خاله گُفت: بَله.

کَمی فِکر کَردَم وَ گُفتَم: مَن یِک جامِدادی وَ خَط کِشِ جَدید دارَم. لُطفاً آنها را به کَسی که اِحتیاج دارَد بِرِسان.

آیا می‌دانی؟

شاگِرد = دانِش‌آموز   مُعَلِّم = آموزگار   تَکلیف = مَشق

راحَت‌تَر = آسان‌تَر   اِحتیاج دارَد = لازِم دارَد

هر کلمه را بخوان و معنی آن را بنویس.

مُعَلِّم	دانِش آموز	هَمکِلاسی
زَنگِ تَفریح	تَکلیف	دیکته
کوله پُشتی	جامِدادی	خَط کِش
مِداد تَراش	چَسب	قِیچی

۱. یک خاطره‌ی جالب از مدرسه برای
دوستانت تعریف کن.

1. Tell your friends an interesting
memory from your school.

۲. نام هر تصویر را زیر آن بنویس.

2. Write the name of each picture
below it.

 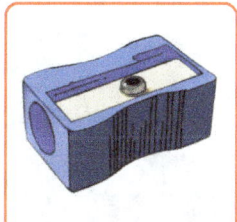 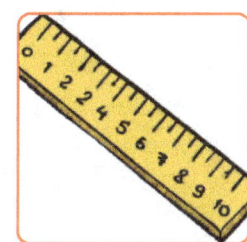 

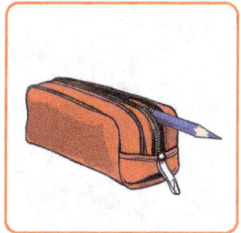   

۳. کلمات به هم ریخته زیر را مرتّب
کن و جملات بامعنی بساز.

3. Rearrange the words to create
meaningful sentences.

مَشقِ / مَن / کَردَم. / تَمام / زود / فارسی / را

مَن / جامِدادی / جا نِمی‌گیرَد. / خَط‌کِشِ / تویِ

گُم کَرد. / مِدادَش / خواهَرَم / را / مَدرِسه / دَر

گَردیم. / دَر / حَیاط / ما / زَنگِ‌تَفریح / دَر / بازی

---

۴. «**بَعضی**» یَعنی فَقَط چَند تا، نه هَمه. مِثال:

مَن بَعضی غَذاها را دوست نَدارَم.

«**هَمیشه**» یَعنی هَمه‌یِ وَقت‌ها. مِثال:

مَن هَمیشه مِسواک می‌زَنَم.

«**گاهی**» یَعنی بَعضی وَقتها، نه هَمیشه. مِثال:

مَن گاهی تِلویزیون تَماشا می‌کُنَم.

«**هَرگِز**» یَعنی هیچ‌وَقت. مِثال:

مَن هَرگِز دُروغ نِمی‌گویَم.

حالا جُمله‌های زیر را با استفاده از «بَعضی، گاهی، هَمیشه، یا هَرگِز» کامل کن.

4. Review the examples to learn how «**هَمیشه**, **گاهی**, **بَعضی**, or **هَرگِز**» are used in Persian sentences. Then, complete the following sentences using **هَمیشه**, **گاهی**, **بَعضی**, or **هَرگِز**.

- ________ اَز هَمکِلاسی‌هایَم وَرزِش را خِیلی دوست دارَند.

- مَن .... رویِ زَمین آشغال نِمی‌ریزَم.

- ما .... دَر زَنگِ تَفریح طَناب بازی می‌کُنیم.

- مَن .... بَعد اَز مَدرِسه دَستهایَم را می‌شویَم.

۵. دَر دَرس‌هایِ قَبلی یادگِرفتی که چِطور دَر فارسی فِعل را مَنفی می‌کُنیم.
بَعضی اَز فِعل‌هایِ فارسی یِک قِسمَتی هَستَند، مِثلِ رَفتَم، وَ بَعضی اَز فِعل ها دوقِسمَتی هَستَند، مِثلِ کُمَک کَردَم.

بَرایِ «**مَنفی کَردَنِ فِعل‌هایِ دوقِسمَتی**» به قِسمَتِ دُوُّمِ فِعل "نـ" اِضافه می‌کُنیم. مِثلِ کُمَک نَکَردَم.

حالا مانند نمونه شکل منفی فعل‌های زیر را بنویس.

5. In previous lessons, you learned how to make negative verbs in Persian.
Some Persian verbs are one-part verbs, like: رَفتَم.
Some are two-part verbs, like: کُمَک کَردَم.
To make a two-part verb negative, you add "نـ" to the second part of the verb. Example: کُمَک نَکَردَم.
Now, write the negative form of the following verbs like the example.

- نَقّاشی کِشیدَم. ← ....

- کُمَک کَرد. ← ....

- اِستِفاده کَردیم. ← ....

PERFECT YOUR Persian

- پاک کَردَم. ← ______

- دَرس خواندی. ← ______

- مَشق نِوِشتیم. ← ______

۶. ساعت هرکدام را بنویس و روی تصویرها نشان بده.

6. Write the time for each one and show it on the pictures.

- ساعَتِ بیدارشُدَن اَز خواب ______

- ساعَتِ شُروعِ مَدرِسه ______

- ساعَتِ زَنگِ تَفریح ______

- ساعَتِ تَمام شُدَنِ مَدرِسه ______

7. Complete the crossword.

۷. جدول زیر را کامل کن.

۱. چیزی که با آن نِوِشته را پاک می‌کُنی.
۲. چیزی که با آن می‌نِویسی.
۳. چیزی که کِتاب وَ دَفتَرِ مَدرِسه‌اَت را تویِ آن می‌گُذاری.
۴. چیزی که با آن خَطِّ صاف می‌کِشیم.
۵. وَقتی بَرایِ بازی وَ اِستِراحَت دَر مَدرِسه به حَیاط می‌رَوی.
۶. کَسی که به شاگِردها دَرس می‌دَهَد.
۷. چیزی که پاک‌کُن وَ خَط‌کِش وَ مِدادَت را تویِ آن نِگه‌می‌داری.

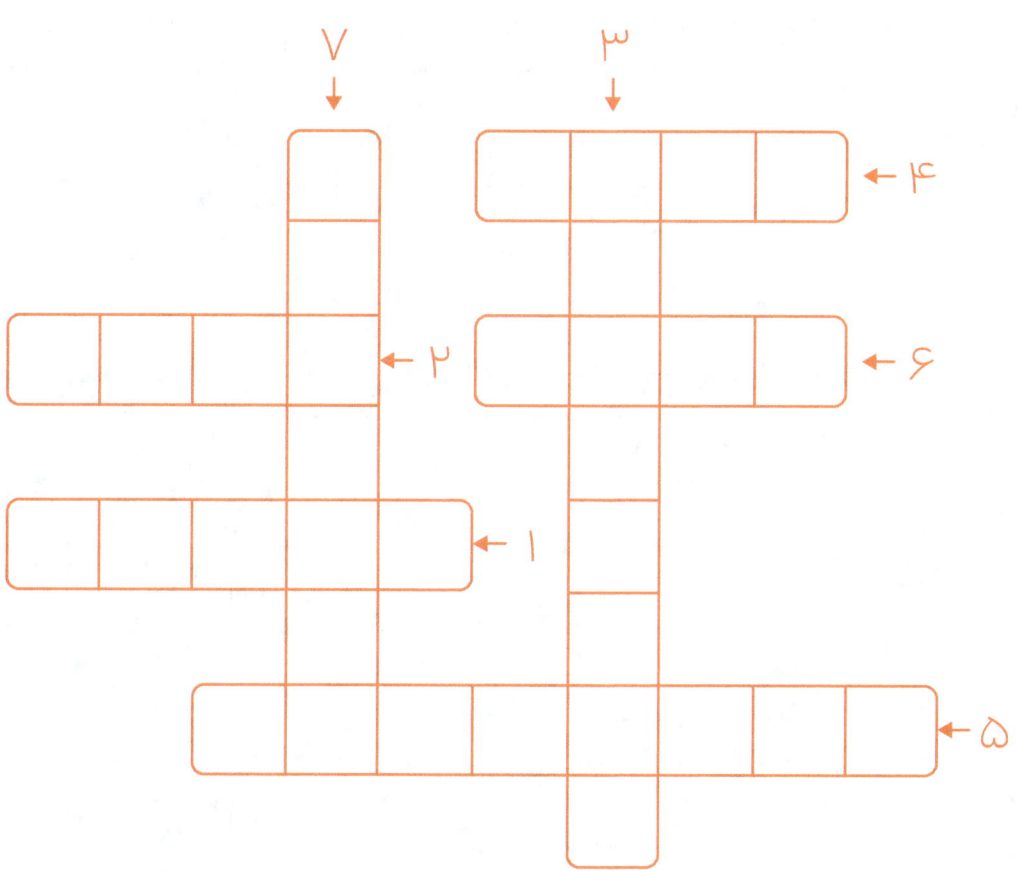

مشق

۱. متن درس را با صدای بلند بخوان و صدای خود را برای معلّمت ضبط کن.

1. Record your voice as you read the lesson and send the audio file to your teacher.

۲. جدول اعداد زیر را کامل کن.

1. Fill out the missing numbers.

۱۰۱	
	صَد و هَشتاد و چِهار
	صَد و دَوازدَه
۱۹۹	
۱۱۹	
	صَد و چِهِل و شِش
۱۷۳	
۱۳۸	
	صَد و بیست
۱۶۵	

۳. هر جمله را با شکل منفی فعل بنویس.

3. Rewrite the sentences, using the negative form of the verbs.

ـ دوستَم به مَن دَر دَرسِ فارسی کُمَک کَرد.

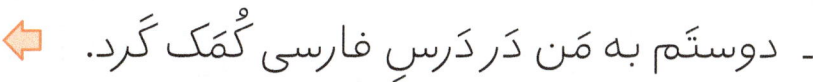

ـ مَن اَز چَسب دَر کاردَستی اِستِفاده کَردَم.

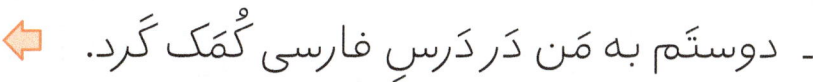

ـ مَن مَشق‌هایَم را قَبل اَز شام تَمام کَردَم.

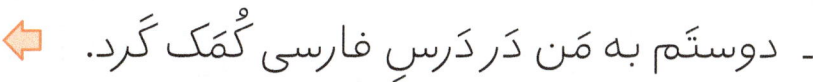

ـ ما دَر زَنگِ تَفریح توپ‌بازی کَردیم.

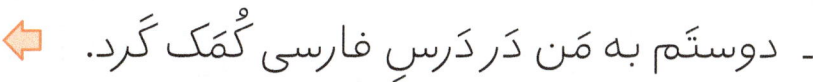

ـ کوله‌پُشتیِ مَن اِمروز خِیلی سَنگین بود.

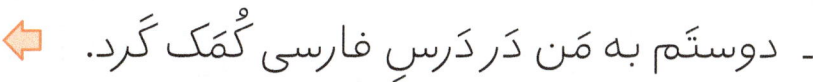

۴. با کلمات زیر جمله بنویس.

4. Write sentences, using the following words.

آسان - مَشق

زَنگِ تَفریح - هَمکِلاسی

مُعَلِّم - دیکته

قِیچی - کاغذرَنگی

۵. جمله‌های زیر را با کلمه‌های مناسب کامل کن.

5.Fill in the blanks using the correct word to create meaningful sentences.

- اَگَر با مِدادَم اِشتِباه بِنِویسَم، با ________ آن را پاک می‌کُنَم.

- آرَش با ________ نَقّاشی‌اَش را رَنگ کَرد.

- مِداد وَ خودکار وَ پاک کُن را دَر ________ گُذاشتَم.

- ما هَر روز بَرایِ ________ به حَیاطِ مَدرِسه می‌رَویم وَ بازی می‌کُنیم.

- با اِستِفاده اَز ________ یِک خَطِّ صاف کِشیدَم.

١
٢
٣
٤
٥

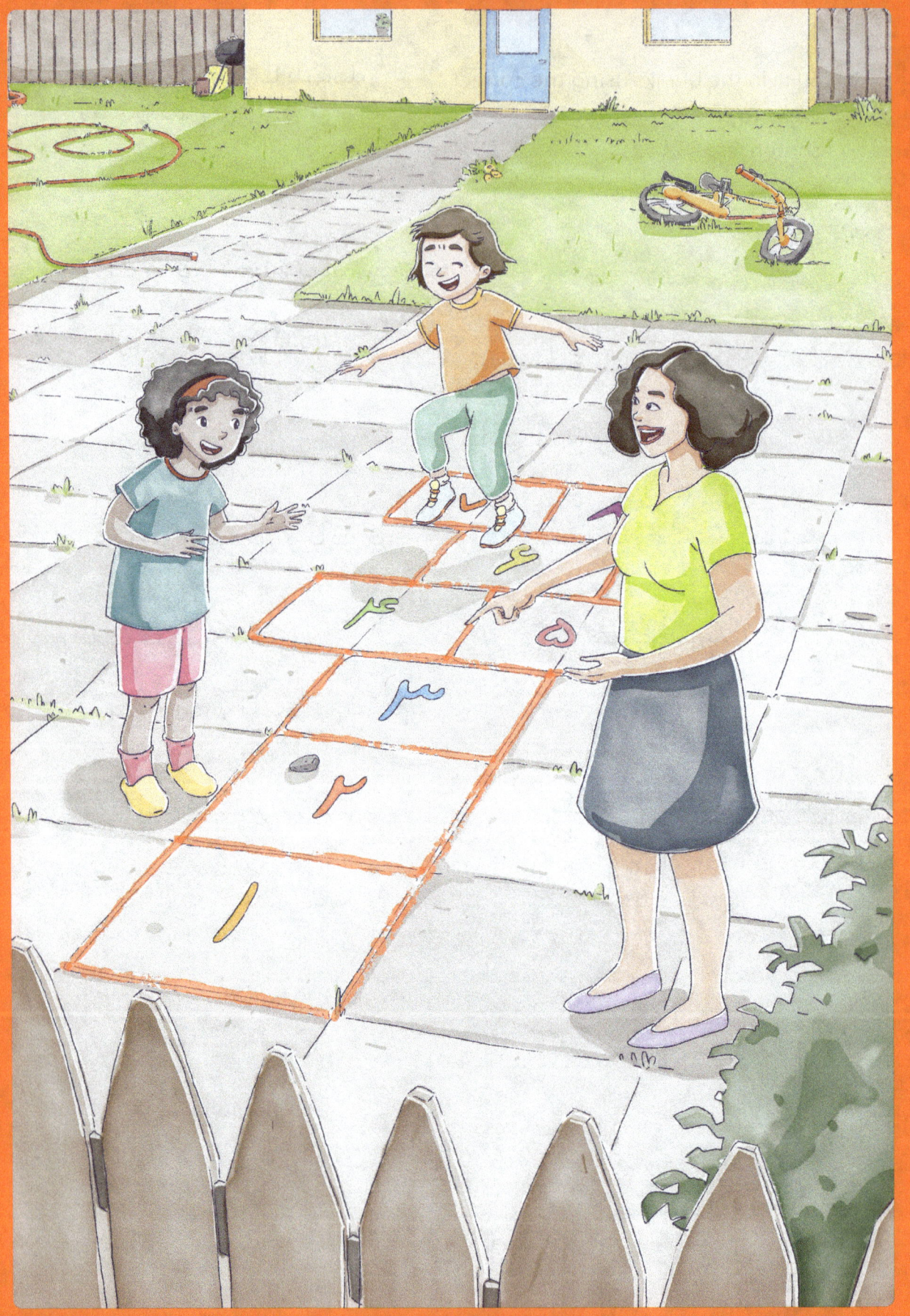

درس ۱۷ بازیِ لی‌لی

یارا به خانه‌یِ ما آمَد که با هَم بازی کُنیم.
اَوَّل قایِم‌موشَک وَ طناب‌بازی کَردیم. اَمّا بَعد خَسته شُدیم وَ حوصِله‌مان سَررَفت.
مامان گُفت: بیایید بازیِ لی‌لی به شُما یاد بِدَهَم. مَن وَقتی هَم‌سِنِ شُما بودَم، هَر روز دَر حَیاطِ مَدرِسه با دوستانَم هَمین بازی را می‌کَردیم. بَرایِ این بازی یِک سَنگِ صاف هَم لازِم داریم.
مامان با یِک تِکّه گَچ رویِ زَمینِ حَیاط خط کِشید. او به ما نِشان داد که چِطوری با یِک پا بِپَریم وَ بِشمُریم.
پُرسیدَم: کی اَوَّل شُروع می‌کُنَد؟
یارا گُفت: بیا سَنگ، کاغَذ، قِیچی بازی کُنیم. هَر کَس بَرَنده شُد، اَوَّل بازی را شُروع می‌کُنَد.

آیا می‌دانی؟

حوصِله‌اَم سَر رَفت = بی‌حوصِله شُدَم
بَرَنده = نَفَرِ اَوَّلِ مُسابِقه   بازَنده = نَفَرِ آخَرِ مُسابِقه

هر کلمه را بخوان و معنی آن را بنویس.

نوبَت	بَرَنده	بازَنده
قانون	مُسابِقه	اِمتیاز
جایِزه	تَشویق	نَتیجه
داوَر	تَماشاچی	بازیکُن

تمرین

۱. یکی از بازی‌های زیر را انتخاب کن و برای دوستانت توضیح بده این بازی چطور انجام می‌شود. با راهنمایی معلّم، یکی از این بازی‌ها را سر کلاس با هم انجام دهید.

1. Choose one of the games below and explain to your friends how it is played. With your teacher's guidance, play one of these games together in class.

قایم‌موشَک	وَسَطی	لِی‌لِی	سَنگ - کاغَذ - قِیچی

۲. جملات زیر را با کلمات مناسب کامل کن.

2. Fill in the blanks using the correct words.

بَرَنده	قانون	اِمتیاز
داوَر	تَماشاچی	نوبَت

- دَر بازیِ اِمروز عَلی __________ شُد.

- مُرَبّی __________ بازی را بَرایِ ما توضیح داد.

- اَوَّل دوستَم بازیِ لِی‌لِی را شُروع کَرد، بَعد __________ مَن شُد.

- دَر مُسابِقه‌یِ کُشتی، بازیکُن ایران دو __________ گِرِفت.

- از اَوَّل تا آخَرِ مُسابِقه‌یِ فوتبال ________ مُواظِب بود که بازیکُن‌ها اِشتِباه نَکُنَند.

- صِدایِ تَشویقِ ________ ها خِیلی بُلَند بود.

۳. با هر کلمه جمله بساز و از «هَرگِز، گاهی، هَمیشه یا بَعضی» در جمله‌هایت استفاده کن.

3. Make a sentence with each word and use «هَمیشه، گاهی، بَعضی» ، or «هَرگِز» in your sentences.

بازیکُن

____

تَشویق

____

اِمتیاز

____

قانون

____

۴. جدول زیر را برای هر فعل کامل کن.

4. Conjugate the verbs according to the pronouns.

	مَن	تو	او
بَرَنده شُد			
تَمرین کَرد			
شُروع کَرد			

	ما	شُما	آنها
بازی کَرد			
مُسابِقه داد			
اِمتیاز گِرِفت			

۵. شکل منفی فعل‌های زیر را بنویس.

5. Write the negative form of the following verbs.

- بَرَنده شُدَم. ← ______________

- مُسابِقه دادیم. ← ______________

- بازی گَردی. ← ____________

- تَمرین گَردَند. ← ____________

۶. در هر دسته، دور کلمه ای که با بقیه مربوط نیست خط بکش.

6. In each set, circle the word that is unrelated to others.

⇦	مُسابِقه	تَماشاچی	بازیکُن	خوشحال	زَمینِ‌بازی
⇦	بَرَنده	نَتیجه	طَناب	جایِزه	اِمتیاز
⇦	اَوَّل	سِوُّم	چِهارُم	دُوُّم	سه‌تا
⇦	قایِم‌موشَک	طَناب‌بازی	لِی‌لِی	وَسَطی	رَقص

۷. هر کلمه را به معنی‌اش وصل کن.

7. Connect each word to its meaning.

تَماشاچی ○	○ کَسی که اِمتیازِ کَمتَری می‌گیرَد.
بَرَنده ○	○ کَسی که قانونِ بازی را خوب می‌دانَد.
بازَنده ○	○ کَسی که مُسابِقه یا بازی را تَماشا می‌کُنَند.
داوَر ○	○ کَسی که اَوَّل می‌شَوَد.

مشق

۱. متن درس را با صدای بلند بخوان و صدای خود را برای معلّمت ضبط کن.

1. Record your voice as you read the lesson and send the audio file to your teacher.

۲. جاهای خالی را با کلمه‌های مناسب پرکن.

2. Fill in the blanks using the correct word.

داوَر	بازیکُن‌ها	تیم
جایِزه		بازَنده

- قَبل اَز مُسابِقه ______________ وارِدِ اِستادیوم شُدَند.

- بازیکُنِ ______________ خَسته وَ ناراحَت بود.

- دانِش‌آموزان دَر دو ______________ با هَم مُسابِقه دادَند.

- نَفَرِ اَوَّل ______________ اَش را با خوشحالی گِرِفت.

- بَعد اَز بازی هَمه اَز ______________ تَشَکُّر کَردَند.

۳. برای هر تصویر یک داستان کوتاه بنویس. سعی کن از بعضی کلمه‌های زیر هم استفاده کنی.

3. Write a short story for each picture. Try to use some of the words below in your story as well.

بازیکُن	جایِزه	بَرنده
مُسابِقه	زَمینِ بازی	داوَر
تَشویق		تَماشاچی

۴. اعداد قبل و بعد از هر عدد را بنویس.

4. Write the numbers that come before and after.

	۱۵۴	

	۱۹۰	

	۱۲۹	

	۱۷۸	

۵. مخالف کلمه‌های زیر را بنویس.

5. Write the opposite for each word.

شُروع ≠ ______

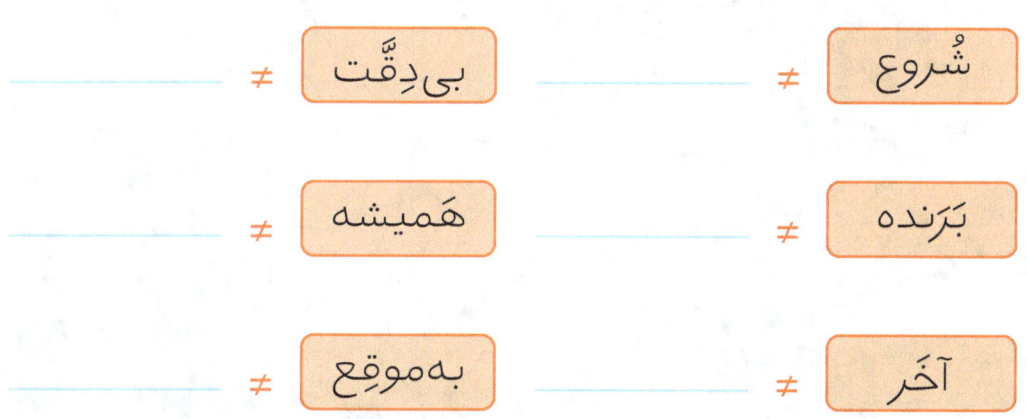

بی‌دِقَّت ≠ ______

بَرَنده ≠ ______

هَمیشه ≠ ______

آخَر ≠ ______

به‌موقِع ≠ ______

PERFECT YOUR Persian

50%

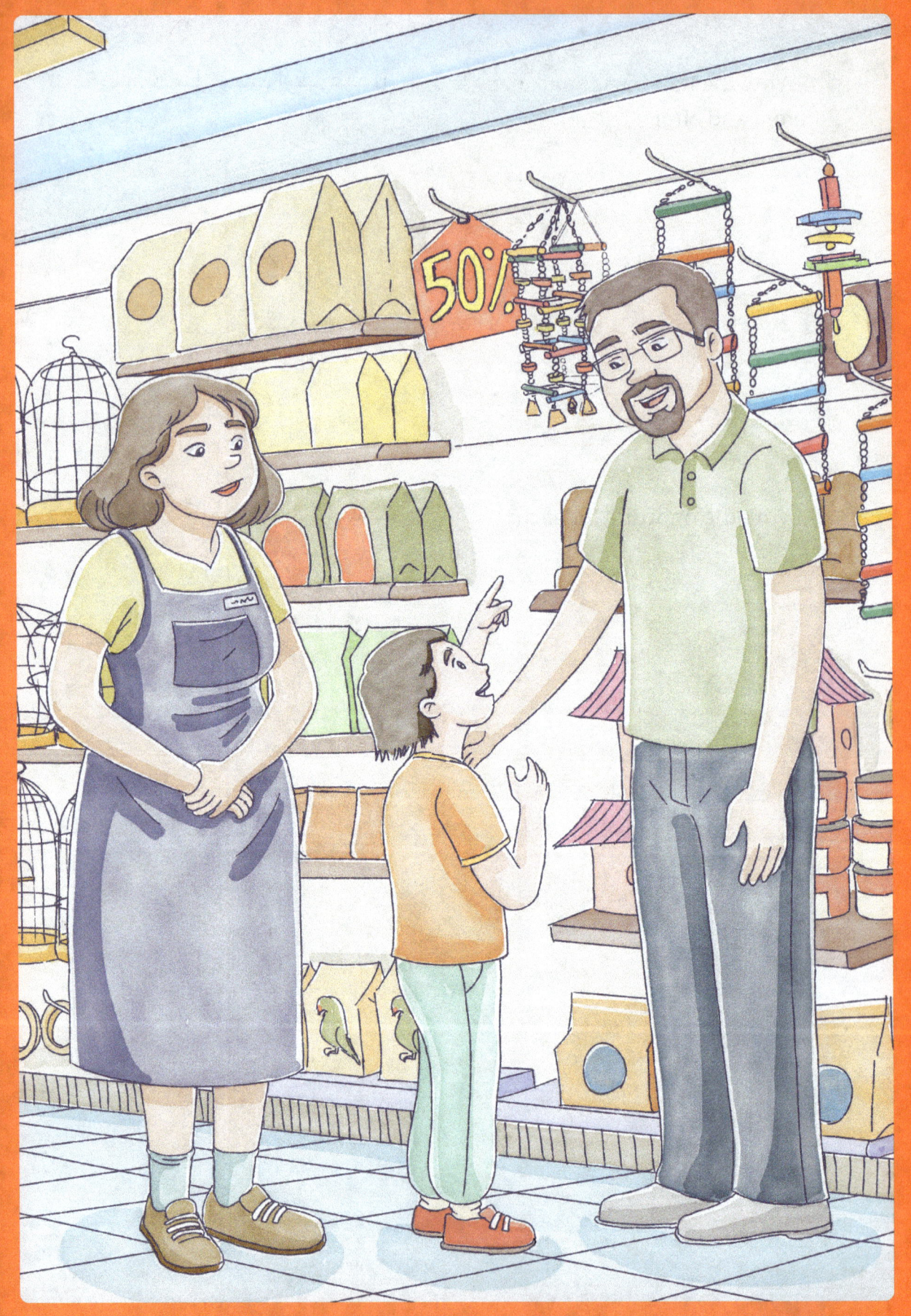

درس ۱۸ خَرید بَرایِ تی‌تی

اِمروز مَن وَ بابا به فُروشگاهِ مَخصوصِ حِیواناتِ خانِگی رَفتیم.
ما هَمیشه بَرایِ تی‌تی اَز این فُروشگاه غَذا می‌خَریم.
دَر قِسمَتِ پَرَنده‌ها چَند تاب وَ نَردِبانِ جالِب بود.
مَن یِکی اَز آنها را نِشان دادَم وَ گُفتَم: اَگر این تاب را بِخَریم، تی‌تی خِیلی خوشحال می‌شَوَد.
خانُمِ فُروشَنده صِدایِ مَن را شِنید وَ گُفت: این هَفته، هَمه‌یِ اَسباب‌بازی‌هایِ پَرَنده‌ها نِصفِ قِیمَت اَست.
مَن با خوشحالی به بابا نِگاه کَردَم.
بابا گُفت: اِجازه داری که با پولِ خودَت این را بَرایِ تی‌تی بِخَری.

آیا می‌دانی؟

فُروشگاه = مَغازه خَریدار= مُشتَری حِساب کَرد = پول داد
قِیمَت = پولی که بایَد بَرایِ خَریدِ یِک وَسیله داد.

هرکلمه را بخوان و معنی آن را بنویس.

فُروشگاه	خَرید	فُروشَنده
قِیمَت	پول	اِسکِناس
سِکّه	کیفِ پول	مُشتَری
تَخفیف	اَرزان	گِران

تمرین

۱. اگر وقتی بزرگ شدی خودت یک مغازه داشته باشی، دوست داری چه چیزی بفروشی؟ با همکلاسی‌ات نقش فروشنده و مشتری را در مغازه‌ی خیالی‌ات بازی کن.

1. Imagine you have your own shop when you grow up. What would you like to sell? Act out a role-play with your classmate as a shopkeeper and a customer in your imaginary store.

۲. کلمات مخالف را به هم وصل کن.

2. Connect each word to its opposite.

گِران ○	○ کَم
زیاد ○	○ اَرزان
باز ○	○ نو
خَرید ○	○ بَسته
کُهنه ○	○ فُروخت

۳. با کلمات زیر جمله بنویس.

3. Write sentences, using the following words.

گِران - نَخَریدیم

مامان	-	پول داد

قِیمَت	-	پُرسید

آخَرِهَفته	-	فُروشگاه

۴. جمله‌های زیر را بخوان و گزینه‌ی درست را انتخاب کن.

4. Read the sentences below then choose the correct option.

- به جایی که در آن خَرید می‌کُنیم ______ می‌گویَند.

○ مَدرِسه

○ فُروشگاه

○ بیمارِستان

- به کَسی که دَر فُروشگاه خَرید می‌کُنَد ________ می‌گویَند.

- ○ مُشتَری
- ○ فُروشَنده
- ○ مَغازه

- به چیزی که اَرزان نیست ________ می‌گویَند.

- ○ گِران
- ○ تَخفیف
- ○ سِکّه

۵. در داستان زیر، جاهای خالی را با کلمه‌ی مناسب پر کن.

5. In the following story, fill in the blanks using the correct word.

اَرزان	فُروشگاه	فُروشَنده
قِیمَت		مُشتَری

دیروز با مادَرَم به ________ رَفتیم.

________ هایِ زیادی دَر فُروشگاه بودَند.

________ گُفت هَمه‌یِ لِباسها نِصفِ قِیمَت هَستَند.

من یِک پیراهَن اِنتِخاب کَردَم وَ ______________ آن را

پُرسیدَم. قِیمَت پیراهَن ______________ بود وَ آن را

خَریدَم.

۶. **زَمانِ حال** یَعنی کاری که اَلان اَنجام می‌شَوَد. مِثال:

مَن **(اَلان)** غَذا می‌خورَم.

او **(اَلان)** کِتاب می‌خوانَد.

بَرادَرَم **(اَلان)** بازی می‌کُنَد.

زَمانِ گُذَشته یَعنی کاری که قَبلاً اَنجام شُده وَ تَمام شُده. مِثال:

مَن **(دیروز)** غَذا خوردَم.

او **(دیشَب)** کِتاب خواند.

ما **(پارسال)** مُسافِرَت رَفتیم.

با توجّه به مثال ها، جدول را کامل کن.

6. Present tense verbs are used for actions that are happening right now, while past tense verbs show actions that happened in the past and are finished.
Review the examples and complete the table below.

زَمانِ گُذَشته (مَن)	زَمانِ حال (مَن)	
خوردَم	می‌خورَم	خورد
		خَرید
		پوشید
		خوابید
		دَوید
		رِسید

۷. در هر دسته، دورِ کلمه‌ای که با بقیه مربوط نیست خط بکش.

7. In each set, circle the word that is unrelated to others.

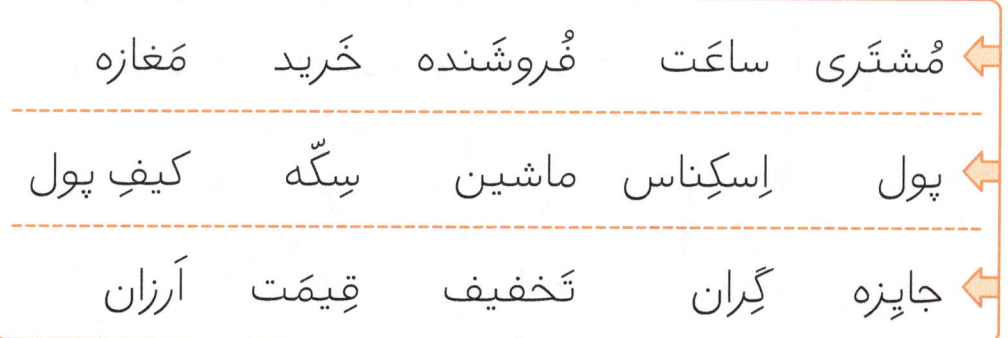

مُشتَری   ساعَت   فُروشَنده   خَرید   مَغازه

پول   اِسکِناس   ماشین   سِکّه   کیفِ پول

جایِزه   گِران   تَخفیف   قیمَت   اَرزان

مشق

۱. متن درس را با صدای بلند بخوان و صدای خود را برای معلّمت ضبط کن.

1. Record your voice as you read the lesson and send the audio file to your teacher.

۲. کلمات هم معنی را به هم وصل کن.

2. Connect each word to its synonym.

مُشتَری ○	○ قیمَتِ کَمتَر
فُروشگاه ○	○ خَریدار
پول ○	○ اِسکِناس
تَخفیف ○	○ مَغازه

۳. شماره‌ی هر جمله را در جای مناسب در جدول بنویس.

3. Write the number of each sentence, under the correct category.

۱. مَن دیشَب مَشق‌هایَم را نِوِشتَم.
۲. مَن کِتاب می‌خوانَم.
۳. ما دیروز بَستَنی خوردیم.
۴. تو هَمیشه با دوستَت بازی می‌کُنی.
۵. مَن هَر روز با دوچَرخه‌اَم به پارک می‌رَوَم.
۶. دیشَب بابا بَرایِ ما قِصّه گُفت.

زَمانِ حال	زَمانِ گُذَشته

4. Circle the correct number.

۴. دور عدد درست خط بکش.

صَد و چِهِل و یِک ⇦	۱۰۴	۱۴۱	۱۱۴	۱۱۱	۴۱
صَد و هِجدَه ⇦	۱۸	۱۸۰	۱۱۸	۸۷	۱۲۸
صَد و نَوَد و چهار ⇦	۱۹۴	۱۰۴	۹۴	۱۰۹	۹۹
صَد و شَصت ⇦	۶۰	۱۶	۱۱۶	۱۲۶	۱۶۰

5. Write a short story using the following words.

۵. با استفاده از کلمات زیر یک داستان بنویس.

فُروشگاه	فُروشَنده	اَمّا
کیفِ پول	وَقتی‌که	چَندروزقَبل

وانیلی

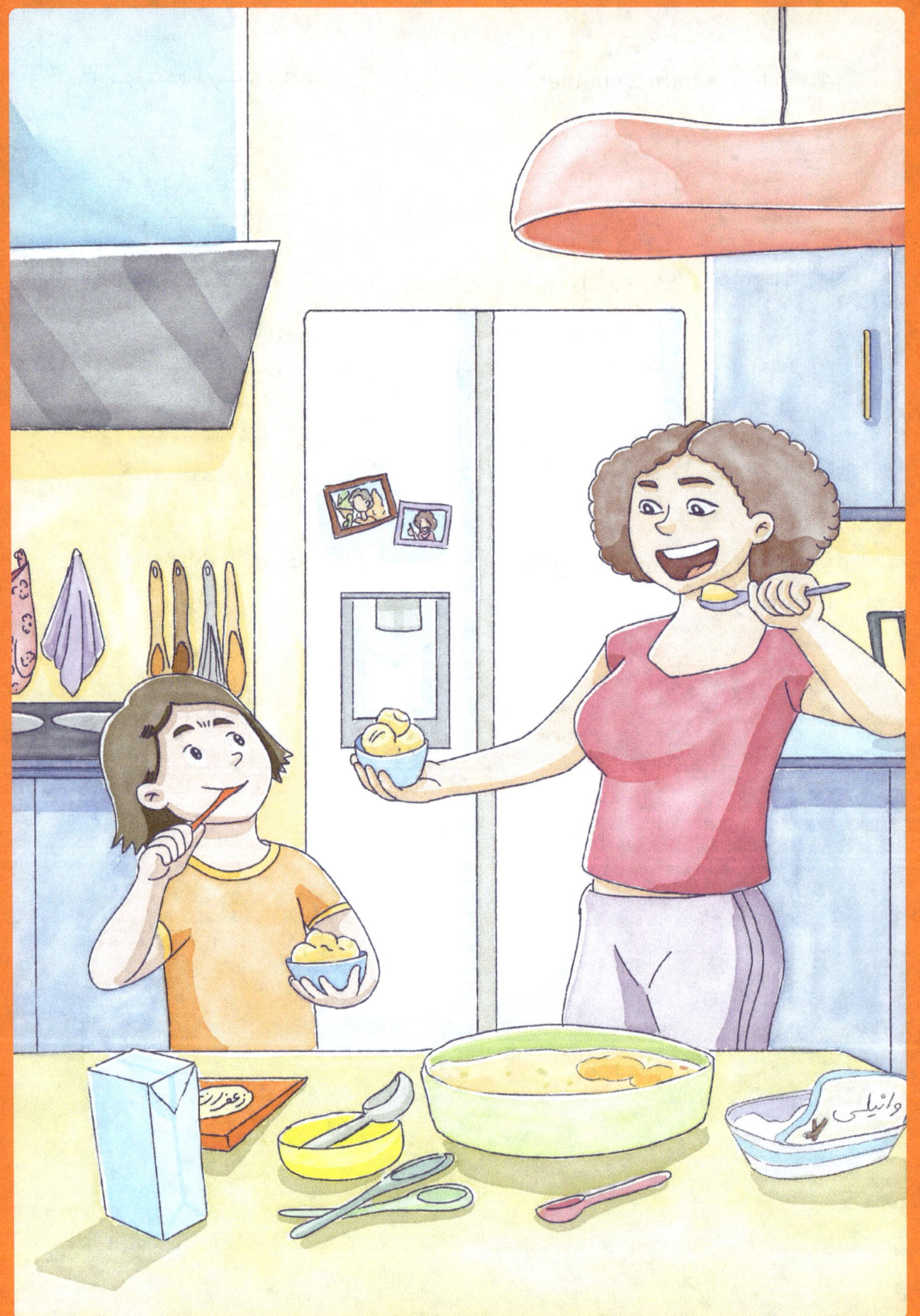

درس ۱۹ بَستَنیِ زَعفِرانی

اِمروز تَوَلُّدِ مامان اَست. مَن به خانه‌یِ خاله لیلی رَفتَم.
به او گُفتَم: مامانَم بَستَنیِ زَعفِرانی خِیلی دوست دارَد.
بیا بَرایِ او بَستَنی دُرُست کُنیم.
خاله لیلی گُفت: فِکرِ خِیلی خوبی اَست. اَمّا چون وَقت کَم داریم، زَعفِران را با بَستَنیِ وانیلی قاطی می‌کُنیم.
به آشپَزخانه رَفتیم. خاله لیلی یِک کاسه‌یِ بُزُرگ آوَرد.
او دَر یِک لیوانِ کوچَک کَمی زَعفِران وَ آبِ داغ ریخت.
مَن آن را رویِ بَستَنیِ سِفید ریختَم. خاله لیلی با یِک قاشُقِ بُزُرگ، زَعفِران را خوب با بَستَنی قاطی کَرد.
بَعد آن را دَر فِریزِر گُذاشتیم.
دو ساعَتِ بَعد، بَستَنی را از فِریزِر دَرآوَردیم وَ اِمتِحان کَردیم.
گُفتَم: مِثلِ بَستَنی‌هایِ ایران نیست، اَمّا خوشَمزه اَست.

آیا می‌دانی؟ مِثلِ = شَبیه به، مانَندِ اُجاق = وسیله برای پختن غذا

هر کلمه را بخوان و معنی آن را بنویس.

ظَرف	بُشقاب	کاسه
لیوان	سینی	قابلَمه
قاشُق	چَنگال	چاقو
یَخچال	اُجاق	سَطلِ آشغال

تمرین

۱. با همکلاسی‌هایت مشورت کن و بنویس که برای درست کردن یک کیک به چه وسایلی در آشپزخانه احتیاج دارید؟ (فقط وسایل، نه مواد)

1. Discuss with your classmates and write down what tools you will need in a kitchen to make a cake. (Only the tools, not the ingredients.)

۲. در هر دسته، دور کلمه‌ای که با بقیه مربوط نیست خط بکش.

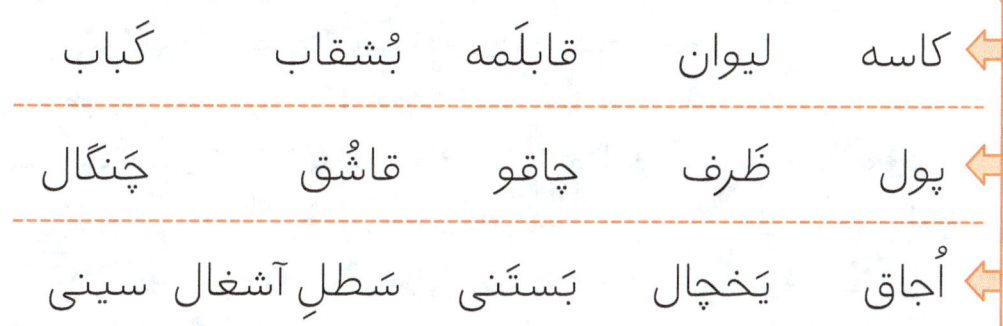

2. In each set, circle the word that is unrelated to others.

کاسه	لیوان	قابلَمه	بُشقاب	کَباب
پول	ظَرف	چاقو	قاشُق	چَنگال
اُجاق	یَخچال	بَستَنی	سَطلِ آشغال	سینی

3. Connect each picture to the corresponding word.	۳. هر تصویر را به کلمه‌ی مناسب وصل کن.

- سینی
- قابلَمه
- سَطلِ آشغال
- چاقو
- بُشقاب
- کاسه
- اُجاق
- چَنگال

۴. به تَرکیب‌هایِ زیر دِقَّت کُن.

لیوانِ کوچَک ⬅ یَعنی: لیوانی که **کوچَک** اَست.

کاسه‌یِ بُزُرگ ⬅ یَعنی: کاسه‌ای که **بُزُرگ** اَست.

دَر تَرکیبِ **"لیوانِ کوچَک"**، کلمه‌یِ "کوچَک" یِک «توضیح» اَست دَرباره‌یِ "لیوان". دَر این تَرکیب صِدایِ "ـِ" دَر آخَرِ "لیوان" آن را به کَلَمه‌یِ "کوچَک" وَصل می‌کُنَد. دَر تَرکیبِ **"کاسه‌یِ بُزُرگ"**، چون کَلَمه‌یِ "کاسه" با حَرفِ صِدادار تَمام می شَوَد، یِک "یِ" به آن اِضافه می‌شَوَد: **کاسه‌یِ بُزُرگ**. حالا شکل درست ترکیب را برای مثال‌های زیر بنویس.

4. In the word pair "**لیوانِ کوچَک**", the word "**کوچَک**" gives us information about "**لیوان**". The sound "ِ" at the end of "**لیوان**" connects this noun to the descriptive word "**کوچَک**". For "**کاسه‌یِ بُزُرگ**", since the word "**کاسه**" ends in a vowel sound, a "**یِ**" is added before the "ِ" to make the connection smoother: **کاسه + یِ + بُزُرگ = کاسه‌یِ بُزُرگ**.
Now combine and write the correct form for the following examples.

- ظَرفی که داغ اَست. ← ______________

- قاشُقی که بُزُرگ اَست. ← ______________

- قابلَمه‌ای که سَنگین اَست. ← ______________

- کاسه‌ای که خالی اَست. ← ______________

- چاقویی که تیز اَست. ← ______________

5. Rearrange the words to create meaningful sentences.

۵. کلمات به هم ریخته زیر را مرتّب کن و جملات با معنی بساز.

شام / آش / پُخت. / بَرایِ / مامان

____

لیوانِ / به / سام / آشپَزخانه / کَثیف / را / بُرد.

____

قابلَمه‌یِ / بابا / گاز / گُذاشت. / بُزُرگ / را / رویِ

پوستِ / سَطلِ آشغال / اَنداخت. / خواهَرَم / موز / را / دَر

۶. جاهای خالی را با کلمه‌ی مناسب پر کن.

6. Fill in the blanks using the correct words.

ریخت	دُرُست کَردیم	اِضافه کَردَم
قاطی کَرد		پُخت

- ما اِمروز کیکِ شُکُلاتی ____________ .

- خاله لیلی بَستَنی را با زَعفِران ____________ .

- مَن تُخمِ‌مُرغ‌ها را به آرد ____________ .

- سارا شیر را دَر لیوان ____________ .

- مامان بَرایِ مَن ماکارونی ____________ .

۷. با استفاده از کلمات زیر جمله های سوالی درست کن.

7. Create question sentences using the following words.

ماهان دیروز بَرایِ ما کِیکِ شُکُلاتی دُرُست کَرد.

چی

کِی

کی

مشق

۱. متن درس را با صدای بلند بخوان و صدای خود را برای معلّمت ضبط کن.

1. Record your voice as you read the lesson and send the audio file to your teacher.

۲. با ترکیب کلمات زیر جمله بنویس. از «چون‌که، بااینکه، وقتی‌که» در جمله‌هایت استفاده کن.

2. Write a sentence, using the suggested words and use «با، چونکه، اینکه، وقتی که» where you can.

قابلَمه - داغ

کاسه - سَنگین

ظَرف - تَمیز

بو - غَذا

۳. خانه‌های جدول را با اضافه کردن ۵ تا به هر عدد، از ۱۵۰ تا ۲۰۰ پر کن.

3. Fill in the boxes of the table by adding 5 to each number, starting from 150 up to 200.

۱۵۰	۱۵۵									۲۰۰

4. Write the correct pairing of words and add "یِ" where needed.

۴. ترکیب درست را بنویس و در جای لازم "یِ" اضافه کن.

چاقو + بُزُرگ ← _____

غَذا + خوشمَزه ← _____

سَطل + پُر ← _____

بُشقاب + تَمیز ← _____

کاسه + خالی ← _____

آشپَزخانه + کوچَک ← _____

5. Fill in the blanks using the correct word.

۵. جای خالی را با کلمه‌ی مناسب پر کن.

- رویِ آن غَذا می‌پَزیم. ← _____

- با اِستِفاده اَز آنها غَذا می‌خوریم. ← _____ وَ _____

- آشغال را تویِ آن می‌ریزیم. ← _____

- با آن سَبزیجات را می‌بُریم. ← _____

- تویِ آن آب می‌خوریم. ← _____

PERFECT YOUR Persian

درس ۲۰ خانه تِکانی

مامان به مَن وَ سام گُفت: دو هَفته‌یِ دیگر عِیدِ نوروز اَست. وَقتِ خانه‌تِکانی اَست.

پُرسیدَم: خانه‌تِکانی چی هَست؟

مامان گُفت: این یِک رَسمِ ایرانی اَست. قَبل اَز آنکه بَهار بِرِسَد هَمه‌یِ خانه را خوب تَمیز می‌کُنیم که بَرایِ سالِ نو آماده باشیم.

مَن جوراب‌ها را تویِ کِشو گُذاشتَم وَ رویِ میزَم را مُرَتَّب کَردَم. بابا به مَن کُمَک کَرد که زیرِ تَخت وَ رویِ فَرشِ اُتاقَم را با جاروبَرقی تَمیز کُنَم.

مامان گُفت: حالا نوبَتِ خانه تِکانی بَرایِ تی‌تی اَست.

پُرسیدَم: بایَد قَفَسِ تی‌تی را تِکان بِدَهَم؟

مامانَم خَندید وَ گُفت: نه دِنا، فَقَط با دَستمال تَمیز کُن!

دَستمال کِشید = پاک کَرد تَمیز کَرد = نِظافَت کَرد

خانه تِکانی = تَمیزکَردَنِ خانه

هر کلمه را بخوان و معنی آن را بنویس.

اُتاقِ خواب	اُتاقِ نِشیمَن	اُتاقِ ناهارخوری
اُتاقِ کار	راهرو	وَسایِلِ خانه
قَفَسه	کِشو	فَرش
جاروبَرقی	چِراغِ خواب	چِراغِ مُطالِعه

تمرین

۱. تو در چه کارهایی در خانه به مامان و بابا کمک می‌کنی؟ برای همکلاسی‌هایت توضیح بده.

1. How do you help your mom and dad at home? Explain it to your classmates.

۲. کلمات به هم ریخته‌ی زیر را مرتّب کن و جملات با معنی بساز.

2. Rearrange the words to create meaningful sentences.

ایرانی‌ها / خانه‌تِکانی / بَرایِ / هَرسال / می‌کُنَند. / عِید

روی / بابا / با / جاروبَرقی / فَرش را / جارو کَرد.

رویِ / قَفَسه / را / مَن / کَردَم. / با / دَستمال / تَمیز

لِباس‌هایِ / کِشو / را / گَرد. / تویِ / مامان / مُرَتَّب

3. In each set, circle the word that is unrelated to others.

۳. در هر دسته، دور کلمه‌ای که با بقیه مربوط نیست خط بکش.

اُتاقِ خواب	پِلّه	اُتاقِ نِشیمَن	اُتاقِ ناهارخوری	
جاروبَرقی	یَخچال	روشَن	گاز	فَرش
کِتابخانه	صَندَلی	میز	قَفَسه	طَبَقه
چراغِ خواب	کِلید	چراغِ مُطالِعه	گُلدان	ساعَت

4. Connect the first and second part of each sentence.

۴. قسمت اوّل و دوّم جمله‌ها را به هم وصل کن.

وَقتی‌که هَوا تاریک شُد، ○	○ چون تی‌تی تَرسید.
اَگر آیِنه کَثیف شُد، ○	○ اُتاقِ خوابَم را مُرَتَّب کَردَم.
جاروبَرقی را خاموش کَردَم، ○	○ وَلی حَیاط دارَد.
خانه‌یِ ما زیرزَمین نَدارَد، ○	○ چراغِ مُطالِعه را روشَن کُن.
با اینکه خَسته بودَم، ○	○ با دَستمال تَمیز کُن.

5. Complete each sentence, using the correct present or past tense verb.

۵. هر جمله را با فعل مناسب گذشته یا حال کامل کن.

- دیشَب خواهَرَم اَسباب‌بازی‌هایَش را دَر قَفَسه ________.

- مَن هَمیشه بَعد اَز بازی دَستهایَم را با صابون ________.

- پارسا هَر روز صُبح تَختِ خود را مُرَتَّب ________.

- وَقتی که غَذا رویِ مَیز ریخت آن را با دَستمال تَمیز ________.

- دیروز بَعد از مُسابِقه‌یِ فوتبال کَفشَم را ________.

6. Which part of the house does each group of items belong to?

۶. هر دسته از این وسایل مربوط به کدام قسمت خانه است؟

ـ یَخچال ـ گاز ـ کاسه ـ لیوان ⇦ _____

ـ تَختِ خواب ـ کُمُد ـ چِراغِ خواب ـ کِشو ⇦ _____

ـ میز ـ صَندَلی ـ قاشُق ـ ظَرف ⇦ _____

ـ مُبل ـ تِلِویزیون ـ فَرش ـ پَرده ⇦ _____

7. Write the name of each household object.

۷. اسم هر وسیله‌ی خانه را بنویس.

  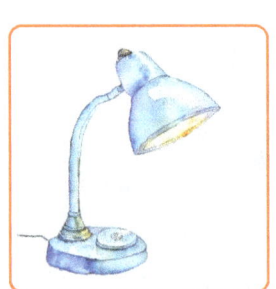

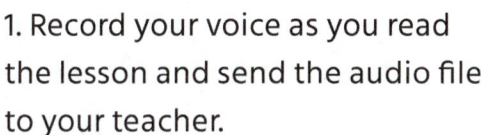

مشق

۱. متن درس را با صدای بلند بخوان و
صدای خود را برای معلّمت ضبط کن.

1. Record your voice as you read
the lesson and send the audio file
to your teacher.

۲. کلمه‌های زیر را خوش خط و خوانا
بنویس.

2. Write the following words neatly
and clearly.

قَفَسه ـ

_____

مُرَتَّب ـ

_____

دَستمال ـ

_____

چِراغ ـ

_____

۳. مخالف کلمه‌های زیر را بنویس.

3. Write the opposite for each word.

تَمیز	≠ ______	بادِقَّت	≠ ______
مُرَتَّب	≠ ______	دُرُست	≠ ______
بی‌اَدَب	≠ ______	بی‌حوصِله	≠ ______

۴. در جدول زیر اعداد ۱۹۰ تا ۲۰۰ را به ترتیب بنویس.

4. Write the numbers in order, from 190 to 200.

۱۹۰										۲۰۰

۵. با استفاده از ۵ تا از کلمات زیر یک داستان بنویس.

5. Write a short story, using at least five words from the following list.

مُرَتَّب کَردَم	وَسایِلِ خانه	کُمَک کَردَم
جارو بَرقی	بااینکه	اُتاق خواب
	آخَرِ هَفته	

درس ۲۱ عِیدِ نوروز

فَردا عِیدِ نوروز است. مَن خِیلی خوشحالَم چون ماماﻥ‌شیرین وَ باباجَمشید دیروز از ایران به خانه‌یِ ما رِسیدَند.

اِمروز هَم ماماﻥ‌پوری وَ بابانادِر از کانادا می‌آیَند.

هَمه برایِ سال‌تَحویل در خانه‌یِ ما جَمع می‌شَویم.

سام به مَن گُفت: فِکر کُنَم اِمسال بیشتَر از هَمیشه عِیدی پول جَمع کُنَم.

مَن از او پُرسیدَم: با عِیدی‌هایَت می‌خواهی چه کار کُنی؟

او گُفت: شایَد یِک دوچَرخه‌یِ جَدید بِخَرَم!

گُفتَم: در عِیدِ نوروز، بُزُرگ‌تَرها به کوچَک‌تَرها عِیدی می‌دَهَند. پَس قَبل از اینکه دوچَرخه بِگیری یادَت باشَد عیدیِ من را بِدَهی!

بُزُرگ‌تَر = کَسی که از ما سِنِ بیشتَری دارَد.

کوچَک‌تَر = کَسی که از ما سِنِ کَمتَری دارَد.

عِیدی = پول یا هَدیه‌ای که بُزُرگ‌تَرها در عِیدِ نوروز به کوچَک‌تَرها می‌دَهَند.

هر کلمه را بخوان و معنی آن را بنویس.

نوروز	سالِ نو	سال‌تَحویل
عِیدی	عَمونوروز	تَبریک
دید وَ بازدید	پَذیرایی	شیرینی
آجیل	جَشن	تَشَکُّر

تمرین

۱. دوست داری عمونوروز عید امسال چه هدیه‌ای به تو بدهد؟ اگر به تو پول داد با آن چه کار می‌کنی؟

1. What gift would you like Amoo Nowruz to give you this Iranian New Year? If you get money as Eidi, what would you do with it?

۲. جاهای خالی را با کلمات مناسب پر کن.

2. Fill in the blanks using the correct words.

پَذیرایی	سال‌تَحویل	دید وَ بازدید
عَمونوروز	عِیدی	نوروز

- ____________ یَعنی وَقتی‌که سالِ جَدید شُروع می‌شَوَد.

- ________ هَدیه یا پولی است که بُزُرگ‌تَرها به کوچَک‌تَرها می‌دَهَند.

- ________ روزِ اَوَّلِ بَهار برایِ ایرانیان است.

- ________ یَعنی وَقتی مَردُم در عِید به خانه‌یِ هَم می رَوَند.

- در عِید با چای و شیرینی از مِهمان ________ می‌کُنیم.

- ________ در جَشنِ عِید به بَچّه‌ها عِیدی می‌دَهَد.

3. Write the name of each picture below it. Circle the ones you see during Nowruz gatherings.

۳. زیر هر تصویر اسم آن را بنویس. دور آنهایی که در عید دیدنی می‌بینی خط بکش.

_____ _____ _____ _____

_____ _____ _____ _____

4. Write the correct form of the following combinations.

۴. کلمات را ترکیب کن و در جای خالی بنویس.

دوچَرخه + جَدید ⟵ _____

سُنبُل + بَنَفش ⟵ _____

خانه + مامان‌بُزُرگ ⟵ _____

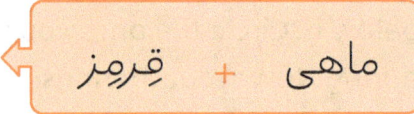

ماهی + قِرمِز

۵. با کلمات زیر جمله بنویس.

5. Write sentences, using the following words.

عِیدی - تَشَکُّر کَردَم

سُنبُل - گُذاشت

هَفت سین - آماده کَرد

تُخمِ مُرغ - رَنگ کَردیم

6. In each set, circle the word that is unrelated to others.

۶. در هر دسته، دور کلمه‌ای که با بقیه مربوط نیست خط بکش.

سالِ تَحویل	سالِ نو	نوروز	بابابُزُرگ ←
عَمونوروز	هَدیه	عَمو	عِیدی ←
سِکّه	پَذیرایی	شیرینی	چای ←
سَمَنو	سُماق	سَبز	سِنجِد ←

7. Fill in the blanks using the correct question words.

۷. جاهای خالی را با کلمه‌ی پرسشی درست، پر کن.

- _____ عِیدی گِرِفتی؟ سِکّه

- _____ هَفت‌سین را آماده کَرد؟ مامان وَ بابا

- تُخمِ مُرغ‌ها را _____ گُذاشتی؟ در بُشقاب

- _____ به ماهی قِرمِز غَذا دادی؟ اِمروز

- _____ شیرینی خوردی؟ سه تا

مشق

۱. متن درس را با صدای بلند بخوان و صدای خود را برای معلّمت ضبط کن.

1. Record your voice as you read the lesson and send the audio file to your teacher.

۲. در داستان زیر، جاهای خالی را با کلمه‌های مناسب پر کن.

2. In the following story, fill the blanks using the correct words.

پَذیرایی	عِیدی	دید وَ بازدید
تَبریک	نوروز	تَشَکُّر
	بُزُرگ‌تر	

اِمروز روزِ اَوَّلِ بَهار وَ ____________ ایرانیان است.

ما بَرایِ ____________ به خانه‌یِ عَمّه آرِزو رَفتیم.

من سالِ نو را به او ____________ گُفتَم. بَعد عَمّه

آرِزو از ما با شیرینی وَ آجیل ____________ کَرد.

عَمّه به من ____________ پول داد چون از مَن

____________ است. من ____________ کَردَم وَ

خِیلی خوشحال شُدَم.

۳. دور عدد درست خط بکش. | 3. Circle the correct number.

صَد و نَوَد ←	۱۱۹	۱۰۹	۱۹۰	۱۹	۵۹
صَد و یازدَه ←	۱۱۰	۱۰۱	۱۱	۱۱۱	۱۰۰
دِویست ←	۲۰۰	۲۰	۲۲۰	۱۲	۲۷
صَد و بیست و چهار ←	۱۲۰	۲۴	۱۱۲	۱۲۴	۶۴

۴. جمله‌های زیر را بخوان و کنار جمله‌های درست علامت (✓) بزن.

4. Read the following sentences and add a (✓) next to the correct ones.

○ ایرانی‌ها سالِ نو را در تابِستان جَشن می‌گیرَند.

○ سال‌تَحویل یَعنی شُروعِ سالِ جَدید.

○ در سُفره‌یِ هَفت‌سین شُکُلات وَ بَستَنی می‌گُذاریم.

○ در نوروز، بُزُرگ‌تَرها به کوچَک‌تَرها عِیدی می‌دَهَند.

○ در عِیددیدَنی ما شیرینی، آجیل، وَ میوه می‌خوریم.

5. Write a short story that uses at least five words from the following list. Draw a picture for your story.

۵. با استفاده از ۵ تا از کلمات زیر یک داستان بنویس و برای آن یک نقّاشی بکش.

نوروز	تَشَکُّر	تَبریک
عِیدی	هَفت‌سین	پَذیرایی
جَشن	عَمونوروز	شیرینی

درس ۲۲ فَضانَوَردِ ایرانی

اِمروز مُعَلِّمِ ما در کِلاسِ فارسی، ویدیویِ یِک فَضانَوَرد را به ما نِشان داد.

اِسمِ او یاسَمینِ مُقبِلی بود. او یِک فَضانَوَردِ ایرانی-آمریکایی بود.

یاسَمین دَربارهِ‌یِ زِندِگی در فَضا صُحبَت می‌کَرد.

او گُفت: فَضانَوَردها بایَد خِیلی از کارها را خودِشان بَلَد باشَند، چون آنجا آشپَز، آرایِشگَر یا دُکتُر نیست.

یاسَمین گُفت: نِمی‌دانِستَم که چَند ماه در فَضا می‌مانَم.

برایِ هَمین یک سُفره‌یِ هَفت‌سینِ کوچَک با خودَم آوَردَم که نوروز را جَشن بِگیرَم.

او عَکسِ سُفره‌یِ هَفت‌سینِ کوچَکَش را نِشان داد.

آیا می‌دانی؟

فَضا = جایی بالاتَر از آسِمان که سِتاره‌ها و سَیّاره‌ها در آنجا هَستَند.

هر کلمه را بخوان و معنی آن را بنویس.

شُغل	فَضانَوَرد	مُهَندِس
دَندان‌پِزِشک	دام‌پِزِشک	خوانَنده
آتَش‌نِشان	باغبان	کِشاوَرز
بازیگر	خَبَرنِگار	پُستچی

تمرین

۱. اگر می‌توانستی برای یک روز به جای یک نفر دیگر کار کنی چه شغلی را انتخاب می‌کردی. چرا؟

1. If you could work in someone else's place for one day, what job would you choose and why?

۲. اسم هر شغل را زیر تصویرش بنویس.

2. Write the name of each job.

۳. جاهای خالی را با کلمه‌های مناسب پر کن.

3. Fill in the blanks using the correct words.

- به کَسی که سَوارِ سَفینه می‌شَوَد وَ به فَضا سَفَر می‌کُنَد ________ می‌گویَند.

- به کَسی که حِیوانات را خوب می‌کُنَد ______________ می‌گویَند.

- به کَسی که دَر فیلم بازی می‌کُنَد ______________ می‌گویَند.

- به کَسی که نامه‌ها را می‌رِسانَد ______________ می‌گویَند.

- به کَسی که آواز می‌خوانَد ______________ می‌گویَند.

۴. کلمات به هم ریخته زیر را مرتّب کن و جمله معنی‌دار بساز.

4. Rearrange the words to create meaningful sentences.

خَبَرها را / خَبَرنِگار / می‌نِویسَد. / دَر روزنامه / هَر روز

____

یِک روزدرمیان / داد. / گُلها / باغبان / به / آب

____

سالی یک‌بار / تی‌تی را / می‌بَرَم. / من / پیش / دامپِزِشک

____

اِمسال / کاشت. / در / کِشاوَرز / زَمین / سَبزیجات

به‌موقِع / رِساند. / پُستچی / نامه‌ها / را

5. Show each time on the clocks.

۵. هر زمان را روی ساعت نشان بده.

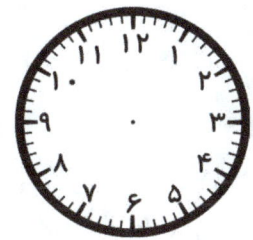

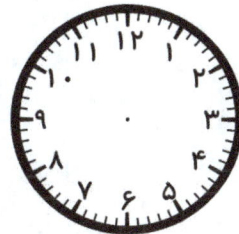

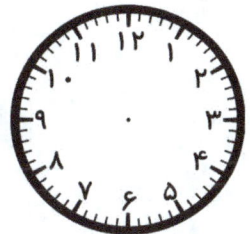

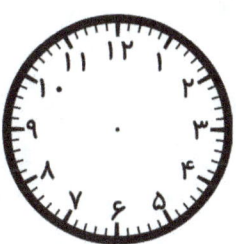

ساعَت ۱۱:۳۰ ساعَت ۳:۰۰ ساعَت ۹:۱۵ ساعَت ۱۲:۰۰

6. Practice writing the numbers.

۶. نوشتن اعداد زیر را تمرین کن.

۱۰۰		صَد	
۲۰۰		دِویست	
۳۰۰		سیصَد	
۴۰۰		چهارصَد	
۵۰۰		پانصَد	

۷. با کلمه‌های زیر جمله بساز.

7. Write sentences using the following words.

دَندان‌پِزِشک - سالی‌یک‌بار

کِشاوَرز - پارسال

مُهَندِس - بااینکه

دام‌پِزِشک - واکسَن

مشق

۱. متن درس را با صدای بلند بخوان و صدای خود را برای معلّمت ضبط کن.

1. Record your voice as you read the lesson and send the audio file to your teacher.

2. Write a short story that uses at least five words from the following list.

۲. با استفاده از ۵ تا از کلمات زیر یک داستان بنویس.

آتش‌نِشان	به‌موقِع	نَردِبان	کُمَک
باحوصِله	وَقتی‌که	ماشینِ آتش‌نِشانی	رِسید

3. In each set, circle the word that is unrelated to others.

۳. در هر دسته، دور کلمه‌ای که به بقیه مربوط نیست خط بکش.

دوربین	نامه	بَسته‌یِ پُستی	پُستچی
باغ	دِرَخت	حِیوان	باغبان
دَندان	آب	مِسواک	دَندان‌پِزِشک
ماشینِ آتَش‌نِشانی	نَردِبان	آتَش	عَکس

4. Fill in the blanks using the correct verb.

۴. جاهای خالی را با فعل مناسب پر کن.

مَن	تو	او
اَنجام دادَم		
	بَلَد بودی	
		تَمیز کَرد

ما	شُما	آنها
کُمَک کَردیم		
	دُرُست کَردید	
		اِستِفاده کَردَند

5. Complete the crossword.

۵. جدول زیر را کامل کن.

۱. به کَسی که دَندانَت را خوب می‌کُنَد می‌گوییم.
۲. به کَسی که موهایَت را کوتاه می‌کُنَد می‌گوییم.
۳. به کَسی که ساختِمان وَ پُل می‌سازَد می‌گوییم.
۴. به کَسی که در رِستوران غَذا می‌پَزَد می‌گوییم.
۵. به کَسی که در مَزرَعه کار می‌کُنَد می‌گوییم.
۶. به کَسی که با دوربین عَکس می‌گیرَد میگوییم.

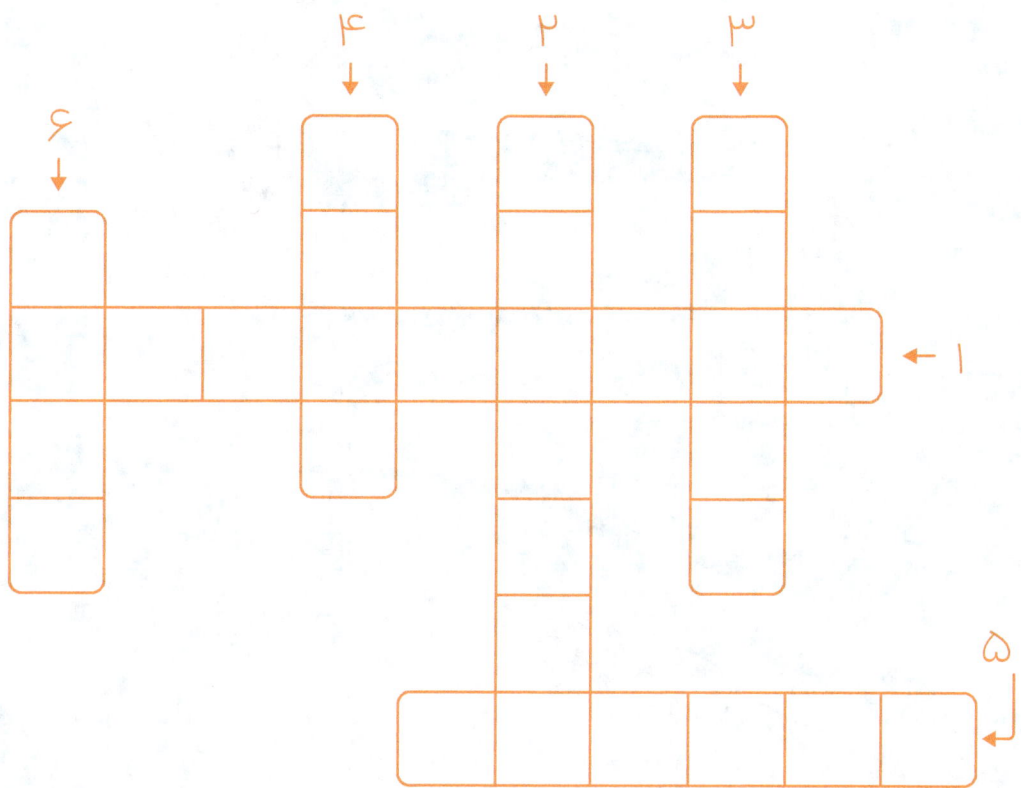

درس ۲۳ ساحِلِ دَریا

اِمروز هَوا خوب بود. من وَ خاله لیلی با هَم به کِنارِ دَریا رَفتیم.

وَقتی به ساحِل رِسیدیم، کَفش‌هایَم را دَرآوَردَم.

رویِ ماسه‌هایِ گَرم راه رَفتَم و پاهایَم را در آب گُذاشتَم.

من چَندتا صَدَف وَ سَنگِ قَشَنگ پِیدا کَردَم.

خاله به من یاد داد که چِطور سَنگ‌ها را خِیلی دور تویِ دَریا پَرت کُنَم.

هَمان موقِع من یِک چیزی وَسَطِ دَریا دیدَم.

به خاله گُفتَم: فِکر کُنَم آنجا یک دُلفین بود.

خاله لیلی خَندید وَ گُفت: شایَد یک موجِ بُزُرگ بود. این دَریا دُلفین نَدارد. بیشتَرِ دُلفین‌ها در اُقیانوس زِندِگی می‌کُنَند.

پُرسیدَم: می‌تَوانی من را به اُقیانوس بِبَری که دُلفین‌ها را از نَزدیک بِبینَم؟

آیا می‌دانی؟ دَریاچه = دریایِ کوچَک رودخانه = رود پَرت کُنَم = بِندازَم

هر کلمه را بخوان و معنی آن را بنویس.

اُقیانوس	دَریاچه	ساحِل
رودخانه	موج	ماسه
صَدَف	کوه	آبشار
سَنگ	خاک	طَبیعَت

تمرین

۱. یک خاطره از سفر به کنار دریا برای دوستانت تعریف کن و بگو چه چیزهای جدیدی دیدی.

1. Tell your friends a story about a trip to the seaside and share what new things you saw.

۲. هر تصویر را به کلمه‌ی مناسب وصل کن.

2. Connect each image to the corresponding word.

ماسه ○   ○

سَنگ ○   ○

آبشار ○   ○

کوه ○   ○

صَدَف ○   ○

موج ○   ○

رودخانه ○   ○

ساحِل ○   ○

۳. در فارسی بَرایِ جَمع بَستنِ یِک اِسم، به آن "ها" اِضافه می‌کُنیم،
مِثلِ **سَنگ‌ها**.
گاهی هَم از کَلَمه‌یِ "چَند" یا "چَندتا" اِستِفاده می‌کُنیم که نِشان بِدَهیم آن چیز بیشتَر از یِکی است، مِثلِ **چَندتا** صَدَف. دِقَّت کُن که در تَرکیب با "چَندتا"، کَلَمه‌یِ صَدَف را جَمع نِمی‌بَندیم. یَعنی:

دُرُست ⬅ چَندتا صَدَف
غَلَط ⬅ چَندتا صَدَف‌ها

حالا کلمات داخل پرانتز را با «**چَندتا**» یا «**ها**» جمع ببند و در جمله قرار بده.

3. In Persian, we add "**ها**" to a noun to make it plural, like: **سَنگ‌ها**.
Sometimes, we also use "**چَند**" or "**چَندتا**" to show that there is more than one of something, like: **چَندتا صَدَف** . When using "**چَندتا**", do not also add "**ها**" to the noun.
Now fill the blanks by adding either "**چَندتا**" or "**ها**" to the words in the parentheses.

- وَقتی هَوا خوب است، بَرادَرَم رویِ ________ موج‌سَواری می‌کُنَد. (موج)

- من ________ در دَریاچه دیدَم. (قایِق)

- ________ در رودخانه شِنا می‌کُنَند. (ماهی)

- سارا ________ زیبا پیدا کَرد. (سَنگ)

- اِمروز ______ در آب دیدَم. (دُلفین)

۴. جای خالی را با کلمه‌ی مناسب پر کن.

4. Fill in the blanks using the correct words.

رودخانه‌ها   دَریا   جَنگل   طَبیعَت   اُقیانوس

- ______ خِیلی بُزُرگ‌تَر از دَریا است.

- بَعضی ______ به دَریا می رِسَند.

- اَگر وَسَطِ ______ آتَش روشَن کُنیم، دِرَختان می‌سوزَند.

- اَگر ______ را کَثیف کُنیم، ماهی‌ها زِنده نِمی‌مانَند.

- اَگر در ______ آشغال بِریزیم، حِیوانات می‌میرَند.

۵. با هر گروه از کلمات زیر جمله بساز.

5. Make a sentence with each group of the words.

چَندتا صَدَف - ساحِل - دیروز

______

اُقیانوس - موج - هَمیشه

_____

آبشار - وَقتی‌که - پارسال

_____

رودخانه - سَنگ - چون‌که

_____

6. Write the correct form of the following combinations and add "یِ" where needed.

۶. ترکیب درست را بنویس و در جای لازم "یِ" اضافه کن.

آبشار + بُلَند ←_____

دَریا + آرام ←_____

صَدَف‌ها + سِفید ←_____

سَنگ + بُزُرگ ←_____

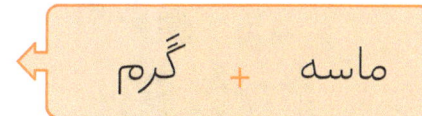

ماسه + گرم → ______

۷. دور عدد درست خط بکش.

7. Circle the correct number.

صَد و یِک	۲۰۱	۳۰۱	۱۰۱	۱۱۱	۱۰۰
چهارصَد	۲۰۰	۴۰	۴۰۰	۱۴	۴۴
صَد و هَشتاد و دو	۱۱۸	۱۸	۱۸۲	۱۸۹	۱۰۸
سیصَد	۳۰۰	۲۳	۳۰	۱۳	۳۳

مشق

۱. متن درس را با صدای بلند بخوان و صدای خود را برای معلّمت ضبط کن.

1. Record your voice as you read the lesson and send the audio file to your teacher.

۲. با استفاده از کلمات سوالی، جمله‌ی زیر را سوالی کن.

2. Convert the following sentence into a question, using the suggested words.

من وَ بابا هَفتهِ‌ی پیش بَرایِ ماهیگیری به کِنارِ رودخانه رَفتیم.

چِرا

کُجا

کِی

چه کَسی

---

۳. برای هر جمله فعل درست را بنویس.

3. Write the correct verb for each sentence.

ـ ما چَندتا سَنگِ زیبا در ساحِل پِیدا کَرد ⇦ ________ .

ـ دُلفین‌ها در اُقیانوس زِندِگی می‌کُنیم ⇦ ________ .

ـ بابا بَرایِ عِید چَندتا ماهیِ قِرمِز خَریدیم

⇦ ________ .

- ماسه‌هایِ این ساحِل سِفید وَ نَرم هَستیم

⇦ ____________ .

- رودخانه از کوه پایین می‌آیَم وَ به دَریا می‌رِسی

⇦ ____________ ، ____________ .

۴. در هر دسته، دور کلمه‌ای که با بقیه مربوط نیست خط بکش.

4. In each set, circle the word that is unrelated to others.

⇦ رودخانه	رود	سَنگ	آب
⇦ ماسه	صَدَف	خاک	سَفَر
⇦ دَریا	اُقیانوس	ماه	دَریاچه
⇦ طَبیعَت	گَرم	جَنگَل	دَریا

5. Write a story using four of the words below. Try to use at least one of the "وَقتی که", "با اینکه", "وَلی", or "چونکه" words in your story as well. Draw a picture for your story.

۵. با استفاده از ۴ تا از کلمات زیر یک داستان بنویس. سعی کن حداقل یکی از کلمات «وَلی، با اینکه، وَقتی که، چونکه» را هم استفاده کنی. برای این داستان یک نقّاشی هم بکش.

مُسافِرَت	اُقیانوس	موج	ساحِل
صَدَف			کوه

درس ۲۴ حَشَره‌ی شِکارچی

در حَیاطِ ما یِک دِرَختِ آلبالو وَ یک دِرَختِ سیب است.
این دِرَخت‌ها را بابانادِر بَرایِ تَوَلُّدِ من وَ سام کاشت.
اِمروز یک تارِ عَنکَبوتِ بُزُرگ رویِ شاخه‌هایِ
دِرَختِ آلبالو دیدَم.
زود بابانادِر را صِدا زَدَم وَ گُفتَم: بابانادِر، بیا کُمَک!
من تارِ عَنکَبوت را به او نِشان دادَم.
بابانادِر خَندید وَ گُفت: اِشکالی نَدارَد. دِرَختِ تو خَراب
نمی‌شَوَد.
تارِ عَنکَبوت مِثلِ تَله بَرایِ حَشَره‌ها هَست. حَشَره‌ها رویِ تار
گیر می‌کُنَند وَ عَنکَبوت آنها را می‌خورَد.
گُفتَم: پَس عَنکَبوت شِکارچیِ حَشَره‌ها است!

آیا می‌دانی؟

شِکارچی= کَسی یا جِیوانی که جِیوانِ دیگَر را شِکار می‌کُنَد.
تَله = چیزی که جِیوان در آن گیر می‌اُفتَد.
اِشکالی نَدارَد = اِتِّفاقِ بَدی نِمی‌اُفتَد.

هر کلمه را بخوان و معنی آن را بنویس.

حَشَره	مورچه	مَگَس
پَشه	زَنبور	کَفشدوزَک
سَنجاقَک	پَروانه	عَنکَبوت
تار	تَله	شِکار

تمرین

۱. چرا حشره‌ها برای زندگی ما و بقیه‌ی طبیعت مهم هستند؟ درباره‌ی حشره‌هایی که جالب و مفید هستند با همکلاسی‌هایت صحبت کن.

1. Why are insects important for our lives and the rest of nature? Talk with your classmates about insects that are interesting and helpful.

۲. هر تصویر را به کلمه‌ی مناسب وصل کن.

2. Connect each picture to the corresponding word.

- زَنبور
- کَفشدوزَک
- پَروانه
- مورچه
- سَنجاقَک
- تارِعَنکَبوت
- مَگَس
- پَشه

3. Fill in the blanks using the correct words.

۳. جاهای خالی را با کلمات مناسب پر کن.

گفشدوزَک عَنکبوت پَروانه مورچه زَنبور

- ______ رویِ گُل نِشَست وَ بال‌های رَنگارَنگش را باز کرد.
- ______ با شیره‌یِ گُل‌ها عَسَل دُرُست می‌کُنَد.
- بَعضی از حَشَره‌ها مانَندِ ______ در خاک لانه می‌سازَند.
- یک حَشَره‌یِ کوچک در تارِ ______ گیر اُفتاد.
- ______ رویِ بَرگِ سَبز راه می‌رَفت.

4. Turn the following verbs into their negative forms, and then use two of them to make two sentences.

۴. فعلهای زیر را منفی کن و با ۲ تا از آن‌ها جمله بساز.

- پَرواز می‌کُنَد ← ______
- راه می‌رَوَد ← ______
- شِکار کَردَند ← ______

- لانه می‌سازَند ←

-

-

۵. در هر دسته، دور کلمه‌ای که با بقیه مربوط نیست خط بکش.

5. In each set, circle the word that is unrelated to others.

زَنبور	عَسَل	گُل	گَندو	خاک
سَنجاقَک	رود	مَگس	پَروانه	پَشه
تار	تَله	موج	شِکار	عَنکَبوت

۶. با کلمات زیر جمله بنویس.

6. Write sentences, using the suggested words.

شِکارگَرد - عَنکَبوت

لانه ساخت - مورچه

نیش زَد - زَنبور

گیرگرد - پَشه

۷. نوشتن اعداد زیر را تمرین کن.

7. Practice writing the numbers.

۶۰۰		شِشصَد	
۷۰۰		هَفتصَد	
۸۰۰		هَشتصَد	
۹۰۰		نُهصَد	
۱۰۰۰		هِزار	

مشق

۱. متن درس را با صدای بلند بخوان و صدای خود را برای معلّمت ضبط کن.

1. Record your voice as you read the lesson and send the audio file to your teacher.

۲. جملات زیر را با فعل مناسب کامل کن.

2. Fill in the blanks using the correct verb.

- پَروانه یک حَشَره ____________ .
- مورچه‌ها زیرِ خاک ____________ .
- پَشه دَستَم را ____________ .
- زَنبور در کندویِ عَسَل ____________ .
- یک پَشه رویِ تارِ عَنکَبوت ____________ .

۳. کلمات مرتبط را به هم وصل کن.

3. Connect the words that are related to each other.

تار ○	○ نیش
عَسَل ○	○ لانه
پَشه ○	○ بالِ رَنگارَنگ
مورچه ○	○ زَنبور
پَروانه ○	○ عَنکَبوت

4. Use some of these words to write a short story.

۴. از کلمات زیر استفاده کن و یک داستان بنویس.

مَگَس	لانه ساخت	عَنکَبوت	شِکارگرد
تار	گیرکرد	تَله	زَنبور

5. Complete the crossword puzzle.

۵. جدول زیر را کامل کن.

۱.

۲.

۳.

۴.

۵.

۶.

۷.

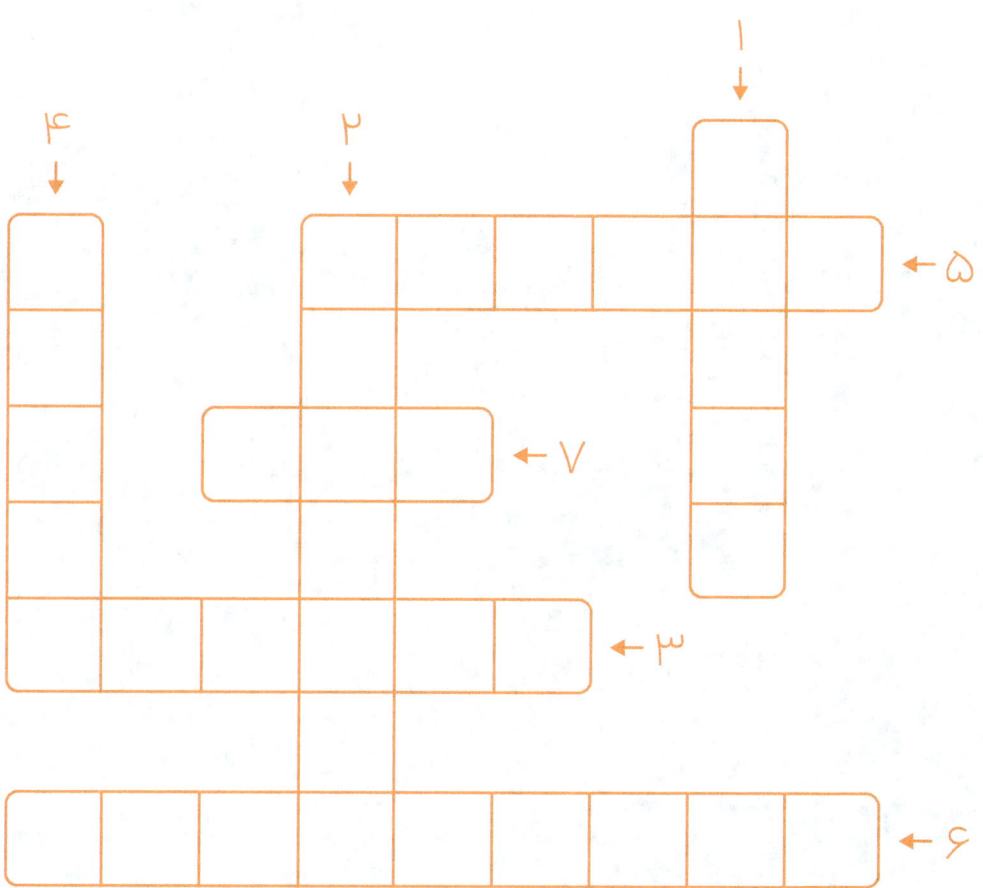

درس ۲۵ مُسابِقه‌یِ کِشوَرها

اِمروز یکی اَز بازی‌هایِ مُهِمِ جامِ‌جَهانیِ فوتبال بود.
سام خِیلی هَیَجان داشت چون تیمِ ایران وَ تیمِ آمریکا با هَم مُسابِقه داشتَند.
اَز بابا پُرسیدَم: چِرا جامِ‌جَهانی بَرایِ شُما مُهِم اَست؟
بابا گُفت: چون دَر جامِ‌جَهانی بِهترین تیم‌هایِ فوتبالِ دُنیا با هَم بازی می‌کُنَند. هَر چهار سال یِک‌بار، تیم‌هایِ قَوی‌تَر اَز هَر قارّه اِنتخاب می‌شَوَند. بَعد تیم‌هایِ کِشوَرهایِ مُختَلِف با هَم مُسابِقه می‌دَهَند تا بَرَندِه مَعلوم شَوَد.
هَمه جُلویِ تِلِویزیون نِشَستیم و بازی را تَماشا کَردیم، وَلی وَسَطِ بازی بابا رویِ مُبل خوابَش بُرد.
ناگَهان سام با هَیَجان فَریاد زَد: گُل گُل!
بابا اَز خواب پَرید و گُفت: چی شُد؟
مَن خَندیدَم و گُفتَم: دیر اَز خواب بیدار شُدی. تیمِ ما گُل زَد!

آیا می‌دانی؟
جَهان = دُنیا   روستا = دِه   مَعلوم شَوَد = پِیدا شَوَد
شُلوغ = جایِ پُر سَر و صِدا یا پُر اَز آدَم

هر کلمه را بخوان و معنی آن را بنویس.

دُنیا	جَهان	قارّه
کِشوَر	شَهر	روستا
مَحَلّه	خیابان	نَقشه
کُره‌یِ زَمین	مَردُم	پَرچَم

تمرین

۱. با کمک معلّم، کشور ایران و هر کشور دیگری که به آن سفر کردید را روی نقشه‌ی جهان پیدا کنید.
هر کدام از این کشورها در چه قاره‌ای قرار دارد؟

1. With your teacher's help, locate Iran and any other country that you have visited on the world map. Which continents are these countries located in?

بُزُرگ‌تَر ← کوچَک‌تَر

شَهر	کِشوَر	قارّه	کُره‌یِ زَمین

۲. جمله‌های زیر را بخوان و کنار جمله‌های درست علامت (✓) بزن.

2. Read the following sentences and add a (✓) next to the correct ones.

- ○ در هَر کِشوَر شَهرهایِ زیادی هَست.
- ○ در هَر شَهر چَند مَحَلّه وُجود دارد.
- ○ هَر کِشوَر چَند پَرچَم دارد.
- ○ در هَر مَحَلّه خیابان‌هایِ زیادی هَست.
- ○ در هَر شَهر آدَم‌هایِ زیادی زِندِگی می‌کُنَند.
- ○ در کُره‌یِ زَمین ۳ قارّه داریم.

۳. در جُملەهایِ زیر، کَلَمەیِ "**بُزُرگ**" چَندجور اِستفاده شُده.

- اُقیانوس **بُزُرگ** اَست. **بُزُرگ** ⬅ دَربارەیِ اَندازەیِ اُقیانوس توضیح میدَهَد.

- اُقیانوس **بُزُرگتَر** از دَریا است. **بُزُرگ** + **تَر** ⬅ اَندازەیِ اُقیانوس را با دَریا مُقایِسه میکُنَد.

- اُقیانوسِ آرام **بُزُرگتَرین** اُقیانوس در کُرەیِ زَمین است.

بُزُرگ + **تَرین** = توضیح میدَهَد که اَندازەیِ کُدام اُقیانوس از هَمه بُزُرگتَر است.

حالا با اضافه کردن "**تَر**" یا "**تَرین**" به کلمەهای داخل پرانتز جاهای خالی را پر کن.

3. Review the examples to learn how an adjective like "**بُزُرگ**" is used for describing or comparing.

"**بُزُرگ + تَر**" compares the size of two things, while "**بُزُرگ + تَرین**" sets apart one as the largest.

Now, fill in the blanks by adding "**تَر**" or "**تَرین**" to the words in parentheses.

- خانەیِ خاله لیلی __________ از خانەیِ مامان‌بُزُرگ است. (نَزدیک)

- پارکِ مَحَلّەیِ ما __________ پارکِ شَهر است. (بُزُرگ)

- شَهر __________ از کِشوَر است. (کوچَک)

- این خیابان ______ خیابانِ شهر است.

(طولانی)

- شَهر ______ از روستا است. (شُلوغ)

۴. در جای خالی ترکیب درست را مانند مثال بنویس.

4. Write the correct form of the following combinations.

- خیابانی که شُلوغ است. ⇦ خیابانِ شُلوغ

- کوهی که بُلَند است. ⇦ ______

- رودخانه‌ای که بُزُرگ است. ⇦ ______

- پَروانه‌ای که قَشَنگ است. ⇦ ______

- هَوایی که بارانی است. ⇦ ______

- شَهری که تَمیز است. ⇦ ______

۵. با کلمات زیر جمله بنویس.

5. Write sentences, using the suggested words.

شَهر - نَزدیک‌تَر

خیابان - شُلوغ‌تَر

قارّه - بُزُرگ‌تَرین

بیشتَر - مَردُم

۶. جای خالی را با کلمه‌ی مناسب پر کن.

6. Fill in the blanks using the correct word.

مَردُم پَرچَم قارّه کِشوَر نَقشه

- کِشوَرِ ایران را رویِ ________ پیدا کَردَم.

- در کُره‌یِ زَمین هَفت تا ______________ هَست.

- ______________ ایران سه رَنگ دارَد. سَبز، سِفید و قِرمِز.

- در ______________ شَهرهایِ زیادی هَست.

- به ______________ کِشوَرِ ایران می‌گوییم "ایرانی".

۷. جاهای خالی را با کلمات هم‌معنی یا مخالف پر کن.

7. Write a synonym or opposite for each of the following words.

دُنیا	=	______________	نَزدیک	≠	______________
روستا	=	______________	شُلوغ	≠	______________
آدَم‌ها	=	______________	گُم	≠	______________

مشق

۱. متن درس را با صدای بلند بخوان و صدای خود را برای معلّمت ضبط کن.

1. Record your voice as you read the lesson and send the audio file to your teacher.

۲. جای خالی را با «کوچَک تَر» یا «بُزُرگ‌تَر» پر کن.

2. Fill in the blanks using "کوچَک‌تَر" or "بُزُرگ‌تَر".

- شَهر از کِشوَر ______ است.
- قارّه از کِشوَر ______ است.
- روستا از شَهر ______ است.
- کُرهٔیِ زَمین از قارّه ______ است.
- اُقیانوس از دَریا ______ است.

3. Fill out the missing numbers.

۳. جدول اعداد زیر را کامل کن.

	۳۰۰
هِزار	
	۶۰۰
	۸۰۰
چهارصَد	
نُهصَد	
	۲۰۰

4. Complete the table below.

۴. جدول زیر را کامل کن.

مَن	دیروز	عَلی را	دَر خیابان	دیدَم.
تو	اِمروز		دَر مَدرِسه	
	صُبح	نیما را	دَر کوچه	دید.
ما		آریا را	دَر کِتابخانه	
شُما	دیشَب	سارا را		
	ساعَتِ ۱۰	پارسا را	دَر پارک	دیدَند.

۵. با کلمه‌های زیر جمله بساز.

5. Write a sentence for each word.

نَقشه

کُره‌یِ زَمین

مَردُم

کِشوَر

10

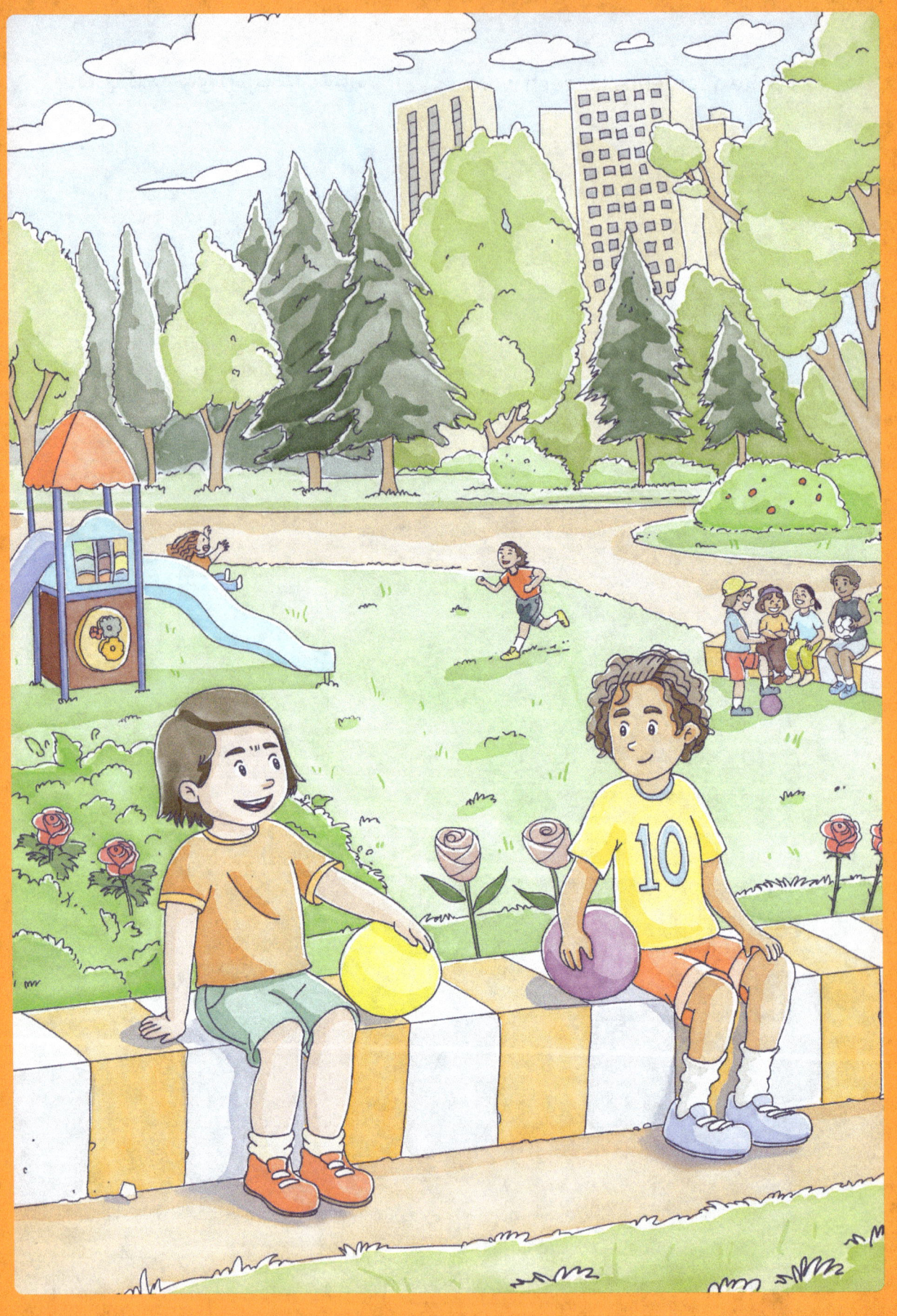

درس ۲۶ شِعرِ دوستی

یه روزِ خوب و زیبا
میونِ باغِ گُل‌ها
بَچّه‌ها رَفته بودَند
یِک‌جا نِشَسته بودَند
مَنَم رَفتَم یه گوشه
کِنارِ دو تا بوته
تَنها نِشَسته بودَم
حِسابی خَسته بودَم
دیدَم یِکی آمَده
جُدا شُده اَز هَمه
با توپ تویِ دَستِش
کِنارِ مَن نِشَستِش
اِسمِ مَنو که پُرسید
با مِهرَبونی خَندید
مَنَم باهاش حَرف زَدَم
بِهِش یه لَبخَند زَدَم
با خَنده وَ با شادی
با هَم رَفتیم توپ‌بازی
اینکه می‌گَم یه رازه
دوستی عُمرِش دِرازه
بایَد که خَندون باشی
خورشیدِ تابون باشی

آیا می‌دانی؟

میان = بِین   بوته = گیاهِ کوچَک که شاخه و بَرگِ زیاد دارد.
تابان = روشَن = نورانی   دِراز = طولانی

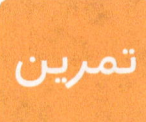

تمرین

۱. یک داستان درباره‌ی یکی از دوستانت تعریف کن که به تو کمک کرده یا چیزی به تو یاد داده.

1. Tell a story about one of your friends who helped you or taught you something.

۲. در هر کدام از جملات زیر فعل با فاعل هماهنگ نیست. فعل درست را جایگزین کن.

2. In each of the following sentences, the verb does not agree with the subject. Correct the verb accordingly.

- تو به خانه رَفت. ← ______
- مَن بازی کَردَند. ← ______
- آنها نَقّاشی کِشید. ← ______
- خواهَرَم کِتاب خواندَند. ← ______
- ما نامه نِوِشت. ← ______

۳. ضمیرها را مانند نمونه ترکیب کن و جمله را دوباره بنویس.

3. Combine the underlined pronoun-noun pairs and rewrite the sentences, like the example.

- لِباسِ مَن تَمیز است. ⇦ لِباسَم تَمیز اَست.

- مُعَلِّمِ ما با هَمه مِهرَبان است.

- بابابُزُرگِ مَن سَمعَک دارَد.

- کِتابِ او در مَدرِسه گُم شُد.

- بَرادَرِ تو در رِستوران غَذا خورد.

- رَنگِ موهایِ او قَهوه ای است.

- هَمسایه‌یِ آنها تَنها زِندِگی می‌کُنَد.

۴. هم معنی کلمات زیر را بنویس.

4. Write the synonyms of the following words.

گوش کَرد	=	نِظافَت کَرد	=
تَماشاکَرد	=	گُفت	=
پُخت	=	یادگِرِفت	=

۵. با کلمه‌های داخل پرانتز، جمله‌های سوالی درست کن.

5. Rewrite each sentence in question form using the word in parentheses.

- ما هَر سال تابِستان به ایران می‌رَویم. (کُجا)

- اِمروز دوستَم اَز فُروشگاه مِداد رَنگی خَرید. (چی)

- سام یک روز دَر میان فوتبال تَمرین می‌کُنَد. (کِی)

- عَلی و بَرادَرَش هَر روز با اُتوبوس به مَدرِسه می‌رَوَند. (چِطور)

- مَن گُرُسنه بودَم چون ناهار نَخوردَم. (چِرا)

۶. فعل‌های زیر را منفی کن.

6. Write the negative form of the verb.

- نَقّاشی کَردَم ←

- مَشق نِوِشتیم ←

- تَمرین کَرد ←

- دُرُست کَردیم ←

- تَعریف کَردَند ← ____________

- پارو کَرد ← ____________

- شُروع شُد ← ____________

- دَرس خواندی ← ____________

۷. ترکیب درست را مثل نمونه بنویس.

7. Like the example, write the correct combination for each phrase.

- لِباسی که تَمیز است. ← لِباسِ تَمیز

- کوهی که بُلَند است. ← ____________

- رودخانه‌ای که بُزُرگ است. ← ____________

- پَروانه‌ای که قَشَنگ است. ← ____________

- هَوایی که بارانی است. ← ____________

- شَهری که شُلوغ است. ← ____________

مشق

۱. متن درس را با صدای بلند بخوان و صدای خود را برای معلّمت ضبط کن.

1. Record your voice as you read the lesson and send the audio file to your teacher.

۲. مخالف کلمه های زیر را بنویس.

2. Write the opposite of the following words.

تَنگ	≠ ______	کوتاه	≠ ______
تَمیز	≠ ______	شُروع	≠ ______
زود	≠ ______	مُرَتَّب	≠ ______
اَوَّل	≠ ______	اَرزان	≠ ______
بااَدَب	≠ ______	هَمیشه	≠ ______
دُرُست	≠ ______	بی دِقَّت	≠ ______
بَرَنده	≠ ______	ناشِنَوا	≠ ______

۳. هر سوال را به جواب مناسبش وصل کن.

3. Connect each question to its answer.

کِی به خانه آمَد؟ ○	○ چون خَسته بودَم.
چِرا خوابیدی ؟ ○	○ ساعَتِ ۴ بَعدازظُهر
چی خوردی؟ ○	○ یِک لیوان شیر
با چی بازی کَردی؟ ○	○ با توپ

۴. روزهای هفته را به ترتیب در جدول بنویس.

4. Write the days of the week in order in the table.

شَنبه

5. Fill out the missing numbers.

۵. جدول اعداد زیر را کامل کن.

۱۰۰	
۱۰۰۰	
	صَد و نَوَد و چهار
۷۸	
	صَد و دَوازدَه
۱۹	
	شِشصَد
۴۹	
۸۰۰	